基于核心素养背景下 高中体验式 班级主题文化构建

邵秀珠 ◎著

全国百佳图书出版单位
吉林出版集团股份有限公司

图书在版编目（CIP）数据

基于核心素养背景下高中体验式班级主题文化构建 /
邵秀珠著. —— 长春：吉林出版集团股份有限公司，
2020.5

ISBN 978-7-5581-8484-0

Ⅰ.①基… Ⅱ.①邵… Ⅲ.①班会—高中—教学参考
资料 Ⅳ.①G635.5

中国版本图书馆CIP数据核字（2020）第060119号

JIYU HEXIN SUYANG BEIJINGXIA GAOZHONG TIYANSHI BANJI ZHUTI WENHUA GOUJIAN

基于核心素养背景下高中体验式班级主题文化构建

著：邵秀珠
责任编辑：沈丽娟
技术编辑：王会莲
封面设计：姜　龙
开　　本：787mm×1092mm　1/16
字　　数：212千字
印　　张：11.75
版　　次：2022年6月第1版
印　　次：2022年6月第1次印刷

出　　版：吉林出版集团股份有限公司
发　　行：吉林出版集团外语教育有限公司
地　　址：长春市福祉大路5788号龙腾国际大厦B座7层
电　　话：总编办：0431-81629929
印　　刷：长春市昌信电脑图文制作有限公司

ISBN 978-7-5581-8484-0　　　　定　价：58.00元

特别鸣谢

赵新亚　毕琦蘅　梁沛贻　陈满华　冯务枝　覃水娇等几位班主任老师。

德育，在路上

立德树人，教育之本；核心素养，人才之基。培养具备中国学生发展核心素养的合格中学生，是我们教育的不懈追求。

高考需要一张张试卷上的分数，祖国的建设和发展需要一个个有温度的灵魂，而我们，想让每一个值得骄傲的分数都散发出温暖的光。

德育，在路上；德育研究，不止步。

从2016年课题立项至今，近三年的光阴成就了一届学子的大学梦，也孕育出了我们课题的青涩结晶。

透过主题班会，一个个镜头又呈现在眼前——

一篇又一篇理论文章前的锁眉凝思，

一节又一节班会课上的顿悟展颜，

一次又一次德育活动中的释怀相拥，

一波又一波研讨会时的会心一笑，

……

这一幕幕，是我们投入德育教学和研究所走的一步步，透露着美好的憧憬，回响着执着的追求，映射着热切的期望！

一切的结束都是新的开始，唯愿拙作能成为我们继续前行的力量，也能对翻开这本册子的您有所裨益！更愿有更多的同行和我们一起走上德育研究之路，引领更多的学子成为有家国情怀、社会担当的青年！

德育，在路上！我们，向前走！

立德树人，教育之本；核心素养，人才之基。培养具备中国学生发展核心素养的合格中学生，是我们教育的不懈追求。

高考需要一张张试卷上的分数，祖国的建设和发展需要一个个有温度的灵魂，而我们，想让每一个值得骄傲的分数都散发出温暖的光。

为顺应当前课程改革的形势，我们以中国学生发展核心素养为立足点，在六大核心素养的基础上提出符合高中生生理、心理特点的核心素养要求，并力求在主题班会领域探索出一些有效的促进学生达到这些素养要求的路径。为推进新一轮课改的纵深发展，培养真正适应社会发展需要的人才做出自己的贡献。

从2015年接任高一级年级组长开始，本人就把课题研究融入德育教学实践中，全情投入，通过理论学习，班会课与大型德育活动实践，研讨交流等方式，在学中做，在做中研，近三年的光阴划过，创造了学校高考的辉煌成绩，塑造了一届学生的品格，也凝结了一系列的德育研究成果。

一、德育工作

德育工作是学校工作的灵魂，体现着学校教育的根本目的，贯穿于学校工作的各个方面。本课题以中国学生发展核心素养为理论依托，运用体验式学习、教育理论和"微课"教学理论开展研究，致力于探究出系列体验式主题班会的活动形式，并对这些形式进行效果跟踪评价，筛选出操作性强、效果显著的活动形式，最后分主题形成活动方案，以期通过这些活动培养具备中国学生发展核心素养的中学生，同时给同行们提供有借鉴意义的班会课资料，以节约班主任备课时间，提高主题班会课堂效率。

从国际层面来看，21世纪初，经济合作与发展组织（OECD）率先提出了"核心素养"结构模型。它要解决的问题是：21世纪培养的学生应该具备哪些最核心的知识、能力与情感态度，才能成功地融入未来社会，才能在满足个人自我实现需要的同时推动社会发展？

多年来，不同国家或地区都在做类似的探索。比如，美国对核心素养的关注起源于注重知识创新的高新企业团队，这些企业从用人所遇到的问题反馈到教育中，指出基础教育要注重培养学生的哪些能力和素质，他们称之为"技能"。这些技能不是简单、具体的，而是在21世纪里必需的生存技能，是当今社会每个人都应该掌握的内容。再比如，从2009年起，日本国立教育政策研究所启动了为期5年的"教育课程编制基础研究"，它关注"社会变化的主要动向以及如何有效地培养学生适应今后社会生活的素质与能力，从而为将来的课程开发与编制提供参考和基础性依据"。

可见，核心素养的研究是教育变革与发展的国际趋势。

从国内层面看，2016年9月国家教育部学生发展核心素养研究协作组提出中国学生发展核心素养，包括三大方面六大核心素养十八个要点。

至此，我国明确了将来很长一段时期内教育所要培养的人才目标，那就是具备人文底蕴、科学精神、学会学习、健康生活、责任担当、实践创新六大素养的全面发展的人。[①]当前，学生发展核心素养已然成为课程设计的依据和出发点，引领和促进教师的专业发展，帮助学生明确未来的发展方向。而中国学生核心素养课题组也表明，六大核心素养只是一个总体框架，可针对学生年龄特点进一步提出各学段学生的具体表现要求。本课题的研究就是顺应当前课程改革的形势，立足于培养具备学生发展核心素养的高中生。[②]

二、"体验式"教育理论

在开展体验式班级主题文化建构的过程中本人主要采到用"体验式"教育

---

① 一帆.《中国学生发展核心素养》总体框架正式发布 [J].上海教育，2016（9）.

② 林崇德.核心素养的构建：回到原点的教育追问和反思——访北京师范大学林崇德教授 [J].基础教育课程，2016（5）.

理论。"体验式"教育理论是德国教育家库尔特·汉恩开创的，他认为教育是教育者依据德育目标和未成年人的心理、生理特征以及个体经历创设相关的情景，让未成年人在实际生活中体验、感悟，通过反思体验和体验内化形成个人的道德意识和思想品质，在反复的体验中积淀成自己的思想道德行为。未成年人在各种体验中主宰自我，修正自己，在与人交往中，在日常行为中去体验、去感悟、去构建社会与时代所希望他们拥有的各种品质和素养。在此意义上，"体验式学习"更加体现了"学生本位""学生主体"的理念，更符合学习和认知规律，越来越为当前教育界所青睐。我们课题组也认为 "体验式主题班会"的引入必然会大大改变和丰富班会课的形式以及提升班会课的效果，有助于我们达成培养具备中国学生发展核心素养的高中生的目标。①

高一开始年级管理团队就制定了德育工作的总目标是创新主题班会的形式和内容，提高德育教育的效果。具体目标如下：

1. 明确高中阶段德育育人目标

以中国学生发展核心素养为依托，结合普通高中C类学校学生生源特点，提出高中一年级、二年级、三年级不同学段学生的德育目标，形成论文予以发表。在研究的过程中我们会不断观察学生的行为表现，同时运用教育学、心理学理论进行评估，结合国家提出的中国学生发展核心素养、立足于学生身心健康的实际，制定出明确可行的高中阶段德育育人目标。

2. 梳理出"体验式主题班会"中使用到的活动形式

在明确高中阶段三年育人目标的基础上，广泛阅读有关主题班会活动设计的专著，阅读近三年来期刊上发表的有关主题班会活动设计的文章，创造条件听取本校的、甚至是本区、本市或者是其他省市的主题班会课，在此基础上梳理出当前主题班会设计中所使用到的活动形式并进行归类。

3. 探索出评价主题班会之活动效果的标准

在明确德育目标的基础上，通过反复实验验证，找出高效活动所必备的要素，在此基础上制定出评价主题班会中活动效果的相关标准，鼓励班主任形成

---

① 刘洪新.体验式教学模式探究［J］.网络财富，2010（10）.

论文予以发表。

三、以中国学生发展核心素养为立足点

本书的理念价值方面主要是以中国学生发展核心素养为立足点，有助于该理论在实践中焕发出生命活力。本人会深入研究中国学生发展六大核心素养，并在此基础上探究出高中学段三个年级分别应该侧重达成的目标，并以此作为班会教育的目标，指引德育活动的开展。这样做无疑会使6大核心素养理论在中学德育领域焕发出生机。其次是尝试制定出主题班会中活动效果的相关评价标准。课题对主题班会的活动研究不仅仅停留在活动方式、活动内容的梳理和开发上，同时也会根据中国学生发展的六大核心素养的内容，制定出相关的对主题班会中活动效果的评价标准，并据此筛选操作性强、效果显著的主题班会活动形式，然后分主题赋予内容，形成系列活动。

四、积极回应课程改革要求

实践价值方面积极回应国家最新一轮的课程改革要求，必将有利于推进课程改革的纵深发展。2016年9月国家最终敲定中国学生发展核心素养，新一轮的课改拉开帷幕。核心素养的落实有赖于各教育环节的变革，本课题以及本课题带动下的班会课教学变化都是这轮变革大潮中的浪花，发挥着自己独有的作用。走过三年的德育研究，大大提升了课题成员的德育理论以及教学水平。在研究的过程中，参与研究的老师必须专研国家最新推出的关于核心素养的理论知识，"体验式学习"、"教育理论"知识以及"微课"的相关理论知识以及操作方式，这是做好研究的前提，而在专研这些理论知识的时候就会不断提高自身的理论水平。在先进、实用的理论指导下，班主任的设计和组织班会课的能力也会得到不断的提升。随着优秀、先进和丰富的活动方式不断引进，我们的主题班会课堂也有望不断得到优化，课堂效率的提高也会更好地促进学生的发展，引领学生不断超越自己、完善自我，在潜移默化中提升学生素养。同时作为一线班主任，我们会发现有些时候主题班会想找一些适合主题的活动素材要花费很多时间去上网搜或者绞尽脑汁自己想，因为很少有以专著形式出版的主题班会活动素材的书籍，网上的资料也很零散，这样上一节高质量的班会课

就要耗费很大的精力。此书的编著涵盖各种素养培养的主题班会活动素材集，这会给一线班主任提供很大的方便。

本书立足于"中国学生发展核心素养"，在国家提出的核心素养的基础上充分了解高中阶段C类学校生源生理、心理、人格特征，确定高中阶段德育目标。然后以"体验式学习""教育理论""微课"理论等教育学理论为依托，①通过对"体验式主题班会"中的具体活动进行研究，拟完成三个任务：一是梳理出体验式主题班会中使用到的活动形式。二是探索出评价主题班会中活动效果的标准。三是以此标准为准绳，筛选出系列操作性强、效果显著的主题班会课活动形式，然后分主题赋予内容，形成能达成拟定德育目标的系列主题班会活动素材，并以素材集的形式出书，力求惠及一线班主任老师。具体内容如下：

（1）在国家提出的中国学生核心素养的基础上充分了解高中阶段C类生源学校学生生理、心理、人格特征，确定高中阶段德育目标，包括明确高中三年中每一年的德育重点，进而对整个主题班会的活动设计起到一个指导作用，为课题后续的研究作好铺垫。经过观察研究我们认为高中阶段C类生源学校学生（以邝维煜纪念中学为例）入学年龄在15–16岁，生理阶段处于青春期，心理发育欠成熟。由于多是独生子女，行为表现普遍具有低幼化特征，自主、自立能力较弱，不具备良好的学习、生活习惯，综合素养偏低，精神境界不高。鉴于这些特征，结合中国学生核心素养的要求，我们初步确定了高中三年中每一年的德育重点：

高一：优秀品格、良好习惯

高一刚入学是品格奠基、习惯养成的重要阶段，所以我们的德育重点放在优秀品格的培养和良好生活、学习习惯的养成上。在这一总体目标当中，我们会渗透国家学生发展核心素养中的国家认同、珍爱生命、健全人格、审美情趣、劳动意识、信息意识这六个要点，旨在培养具备下述特征的高一学生：爱国、爱校、集体归属感强；对生命意义和人生价值有较深的认识，养成健康文

---

① 苏小兵，管珏琪，钱冬明，祝智庭.微课概念辨析及其教学应用研究［J］.中国电话教育，2014（7）.

明的行为习惯和生活方式；有自信自爱、坚韧乐观等积极的心理品质；有健康的审美价值趋向，能分清是非善恶；尊重劳动，具有积极的劳动态度和良好的劳动习惯；有较强的信息安全意识，具有网络伦理道德，避免在"互联网+"时代伤害别人或者被别人伤害。

高二：品质思维、高效行动

在高一一个学年学习提升的基础上，高二阶段应把重点放在塑造学习、思维品质，提升自我管理的能力，进而提高学习、做事的效率。在这一总体目标中我们会渗透国家学生发展核心素养中的理性思维、批判质疑、乐学善学、勤于反思、自我管理这五个要点，旨在培养具有下述特征的高二学生：尊重事实和证据，能独立思考和判断，不随波逐流；具有积极的学习态度，掌握适合自身的学习方法；具有对自己的学习状态进行审视的意识和习惯；能够合理分配和使用时间与精力，进行科学的自我管理，高效学习、做事。

高三：广博胸襟、卓越能力

高三学生在经过高一、高二两年学习和生活积累的基础上，知识更加丰富，心理更加成熟、理性，视野更加开阔，已经或即将步入成年，面临生命当中最重要的一次选择，此时教育对他们的要求也更高。在这一总体目标中我们会渗透国家学生发展核心素养中的人文情怀、社会责任、国际理解、勇于探究、问题解决这五个要点，旨在培养具备下述特征的高三学生：有以人为本的意识，能关切人的生存、发展和幸福；能主动作为，履职尽责，对自我和他人负责，崇尚自由平等，维护社会公平正义；具有全球意识和开放的心态，关注人类面临的全球性挑战，理解人类命运共同体的内涵与价值；能不畏困难，坚持不懈，大胆尝试，积极寻求有效的解决问题的方法。

综上所述，我们高中三年的德育目标涵盖了中国学生发展核心素养十八个要点中的十六个，其中人文积淀和技术运用我们没有纳入进来，主要考虑到人文积淀是一个长期积累的过程，而且很大程度上可以通过学科教学来达成；而技术运用我们一方面是通过技术课来达成目标，另外学校会开展一系列科技活动，比如科技节来达成目标，所以，不再作为本课题研究的范围。当然，我们知道，我们也不可能通过一个课题就让我们的学生获得全面发展，成为完全具备中国学生发展核心素养的高中生，但是我们坚信，通过体验型班会课活动潜移默化的育人渗透，我们的学生会朝着这一目标越走越好！

（2）"体验式主题班会"中的活动形式。经过实践研究，本课题初步归纳出以下几类活动形式：演讲式、辩论式、游戏式、模拟场景式、案例讨论式、文体表演式。[①]演讲式是针对某一活动主题，学生自己搜集相关资料，写成演讲稿并当众演讲，从而深化自己对主题的认识的活动形式；辩论式是围绕某一主题把全班同学分成正反两方进行辩论，通过辩论达到深入理解该主题的活动形式；游戏式是围绕某一主题设计一个小游戏，通过让同学们参与游戏从而达到参与、体验、感悟的效果的活动形式；模拟场景式是围绕某一主题设计一个场景，同学们分角色扮演场景中的人物，模拟场景中人物的行为，从而达到体验感悟的目的的活动形式（比如模拟联合国大会、模拟法庭等）；案例讨论式是围绕某一主题找出相关案例，同学们对案例中的人和事展开讨论，通过讨论加深认识、矫正自我行为的活动方式；[②]文体表演式是把主题融入相声、小品、歌唱、朗诵等表演形式中，让学生通过表演进行体验、感悟的活动方式。而这些活动方式和主题结合起来以后的有效性有待于在以后的研究中进行评判。[③]

（3）探索评价主题班会之活动效果的标准。通过现场观摩感受、学生调查问卷、学生转化跟踪等形式，结合高中德育的育人目标对各类活动形式进行评估，在评估的过程中探索出一套有效的评价主题班会活动效果的标准。目前我校已经有一套比较成熟的主题班会评价标准，该标准从主题、内容、过程、效果四个维度对主题班会进行评价。具体要求有——主题方面：主题鲜明，符合学生的年龄特点，具有独创性；内容方面：内容扣题，贴近学生生活和社会现实。立意新颖，能分析和解决实际问题。寓意深刻，思想性强；过程方面：师生热情参与，互动性强，表现力强，气氛和谐，纪律良好。班主任发动学生有方，指导有度。发言富有鼓舞性和号召力，使学生产生共鸣。关注全体学生，关注学生个体差异；结果方面：教育目的的达成度高，学生深受启发和教育。课

---

① 郑学志.高中主题班会设计技巧与优秀案例［M］.中国轻工业出版社，2013.

② 班级活动管理丛书编写组.主题班会活动设计能力培养［M］.世界图书出版公司，2011.

③ 沈惠祥，邱允莉.高中班会课系列主题与案例［M］.东南大学出版社，2014.

题组根据学校的这套评价标准制定出更加科学的评价"体验式主题班会"活动效果的评价标准。根据目前粗浅的想法，我们认为评价标准应该包含以下几个要素：主题是否能指向核心素养；形式是否能充分调动学生的体验、是否为学生喜欢和接受；气氛是否和谐；效果是否能达成预期目标等。

（4）根据基于核心素养的高中三年德育目标，结合有效的活动形式，设计并开展系列主题活动。近三年来，我们根据学校的德育要求，在每一个年级根据素养目标，设计不同的主题活动，有些是年级性的，有些是班级性的，每个主题都尝试用不同的活动形式来开展。然后根据我们的评价标准、结合学生的调查意见以及学生行为转化的跟踪等筛选出效果比较好的活动形式。

五、本书主要反映的核心概念

一是核心素养：学生发展核心素养，主要指学生应具备的，能够适应终身发展和社会发展需要的必备品格和关键能力。研究学生发展核心素养是落实立德树人根本任务的一项重要举措，也是适应世界教育改革发展趋势、提升我国教育国际竞争力的迫切需要。

二是"体验式"："体验式"教育理论是由德国教育家库尔特·汉恩开创的，该理论认为教育是教育者依据德育目标和未成年人的心理、生理特征以及个体经历创设相关的情景，让未成年人在各种体验中主宰自我，修正自己，去感悟、去构建社会与时代所希望他们拥有的各种品质和素养。可见，"体验"的"体"，意为设身处地、亲身经历；"体验"的"验"，意为察看感受、验证查考。体验具有过程性、亲历性和不可传授性，是充满个性和创造性的过程。

六、"体验式主题班会"研究的创新之处

（1）系列化的目标设计。课题以中国学生发展核心素养理论为依托，结合普通高中C类学校学生生源特点，提出高中一年级、二年级、三年级不同学段学生的德育目标，持续开展三年成序列的主题班会，全方位培养学生核心素养。为今后开展高中德育教育提供方向指引和基本模版。

（2）多样化的活动呈现形式。本课题初步归纳为演讲式、辩论式、游戏式、模拟场景式、案例讨论式、文体表演式、视频播放等几类活动形式，以丰

富多彩的形式呈现德育内容，有效地增强主题班会的趣味性和实效性。

（3）"留痕"式的过程研究。每一节的主题班会都有配套的主题班会的教学设计或微课设计、教学实录并有教学反思，形成WORD文档，经过反复打磨，形成教学设计和教学日志或论文。

七、走过高中的三年取得的成绩

（1）年级德育管理工作由散打走向系统化。三年的高中德育工作，笔者的育人目标非常明确，在德育管理工作中不再是头疼医头，脚疼医脚，而是胸中有蓝图，脚下有坦途。从高一开始就根据国家学生发展核心素养的要求，制定了三年的德育工作目标：高一：优秀品格、良好习惯；高二：品质思维、高效行动；高三：广博胸襟、卓越能力。其中三年的德育目标又相互渗透和贯通，融为一体。我们想培育苗壮的大树，培育的过程不仅仅是在叶子上洒洒水，更重要的是在根上施肥，从根本上系统解决学生的思想问题，让学生朝着国家所需要的人才方向健康发展。

（2）班会课质量的提升以及主题班会素材的积累。课题组以评价促进班会课质量的提升，好的班会课设计经过打磨后得以积累和推广。经过课题组反复的实践打磨，我们探索出了评价主题班会之活动效果的标准——准、精、适、化。具体见下表：

表1　评价主题班会之活动效果的标准表

评价标准	含义阐释	具体要求		
准	活动目标定位准确	深度关照核心素养	明确、集中，能够在活动时间内达成	符合学情
精	活动内容选取精妙	能为达成活动目标服务	新鲜、具有时代气息	贴近学生生活
适	活动策略引人入胜	能引导或吸引学生参与活动	能使活动各环节连贯、紧凑	能促进活动效果的达成
化	活动体验充分丰富	学生在活动中有肢体、表情的明显变化	学生能用语言表述出活动对自己情感的触动、思想观念的影响	活动后学生的日常行为发生和活动有关的改变

在评价标准的指导下，各班围绕年级德育目标开展主题班会，并记录在册，为德育活动的开展提供第一手材料。经过近三年的积累，梳理出"体验式主题班会"中使用到的活动形式，本课题初步归纳出以下几类活动形式：演讲式、辩论式、游戏式、模拟场景式、案例讨论式、文体表演式、视频播放等形式，并有主题班会的教学设计或微课设计。

（3）德育管理队伍水平提升。班主任都是学校德育管理队伍的一分子，在班级管理的过程中，大家主动研读理论著作，深入了解班情、级情，认真设计并开展系列主题班会活动，积极参加课题每一阶段的研讨，无论是在班级管理上，还是在班会课的设计与实操，抑或是课题研究上都获得了不同程度的提升。

（4）学生的品格得以锤炼，核心素养得以提升。以德育目标为引领，以落实学生的核心素养为目标，级组开展多次大型德育主题活动，同时引导班级结合实际情况开展各项主题活动，让学生在活动中磨炼品格，在体验中提升素养。

本人一直坚持"德育为先"的工作原则，在高一开始根据国家学生发展核心素养的要求，制订了三年的德育工作计划，其中高一主要是培养学生良好的行为习惯、增强学生的人文底蕴；高二主要是培养学生良好的思维品质、增强学生自主发展的能力；高三主要是培养学生健全的人格，增强学生社会参与的能力，三年的德育目标又相互贯通，融为一体。三年来，级组引领班主任通过各种大大小小的活动引领学生，让学生在活动中感悟人生道理，在活动体验中提升核心素养，在潜移默化中成长为具备健全人格的新时代青年。笔者也在每个教学阶段设计主题班会在个别班级进行实践，然后在级组推广，促进了年级德育管理工作有效开展。

学生核心素养提升直接影响到学生的高考成绩，课题组跟进的学生在2018年高考中取得了辉煌的成绩，高分保护线上线人数创学校历史最高纪录，本科上线也完美实现了低进高出的最初目标，这就验证了具备核心素养的高素质学生在高考中定能发光发亮。

一直以来，我们以培养学生的核心素养为目标，锲而不舍地以体验式的活动模式开展德育工作，有成功的喜悦，也有失败的教训。我们相信，育人永远是一个常做常新的课题，学生核心素养的培养永远在路上。

第一章

青春 成长

高一年级——优秀品格、良好习惯

高一学生是一个特殊的群体，表现为过渡性的特点，在身心发展中处于一个重要的阶段，是人生观价值观形成的关键期，在学习方面面临初中知识向高中知识的过渡，学习方法思维方式的转换，学习环境上面临新的老师、新的同学、新的学习环境、新的学校管理氛围；住宿生面临新的生活环境和生活条件，面临新的心理断乳。因此就高一学生而言，健康的心理有助于学生尽快进入良好的学习状态，有助于学生抵制和消除不良的情绪。为此本人以培养学生优秀品格、良好习惯为目标，开展系列主题班会，以提升学生核心素养。

认识新朋友

【教育思考】

对于高一新生来说，进入一所新的中学，一切都是新的，尤其是学生之间彼此都不认识，更叫不出身边的同学的名字，个别学生甚至说不想在这里读书，想回家或转学，有的同学哭着打电话给家人，有的在发呆或在玩手机。

在一个陌生的环境里，同学们觉得非常孤独，内心或多或少感到有点忧虑。

让同学们尽快熟悉环境，多认识身边的几位"好同学"，有助于学生尽快消除孤独感，以更好的状态投入到学习中。

【教育过程】

活动一：制作个人名片

（1）老师分学习小组开展活动。

（2）每一个人发一张白纸。

（3）制作一张个人名片：写上自己的姓名、来自学校、兴趣爱好、特长等。

（4）做好名片后，首先在小组内进行自我介绍，时间3分钟。

（5）3分钟后，班主任开始检查介绍情况，随机提问，要求同学们介绍三位刚认识的同学的信息。

在任务驱动下，同学们迅速开始交流。

活动二：小组互动展示

（1）在刚认识的朋友中自由组合另一个小组，一般6人左右一个小组，全班分8个小组。

（2）设计并制作一张小组海报：写上姓名、爱好、特长、自己最喜欢的一句话、个人的理想等。

（3）小组合作设计一个图案，表达一个主题或一个愿景。比如：希望生活在一个怎样的班集体里，小组成员的共同理想是什么，甚至可以表达将来的理想是考什么大学，成为怎样的人才。由全体小组成员合作完成。

（4）20分钟后，8个小组可以组成两两小组开展相互交流展示这一环节的活动，氛围非常热烈，同学们很快熟了起来，很多同学能打开心扉说自己的理想以及对所在的班集体的愿景，同学们归属感瞬间增强，爱校爱班的情感油然而生。

活动三：齐唱《我和我的祖国》

（附歌词）

作曲：秦咏诚

作词：张藜

我和我的祖国一刻也不能分割

无论我走到哪里都流出一首赞歌

我歌唱每一座高山我歌唱每一条河

袅袅炊烟小小村落路上一道辙

啦……

你用你那母亲的脉搏和我诉说

我的祖国和我像海和浪花一朵

浪是海的赤子海是那浪的依托

每当大海在微笑我就是笑的旋涡

我分担着海的忧愁分享海的欢乐

啦……

永远给我碧浪清波心中的歌

啦……

永远给我碧浪清波心中的歌

活动在轻松愉快的氛围中结束，我们选取四个比较好的小组的海报贴到班级宣传栏中，以示表扬。

【课后反思】

进入一个新的学习环境，学生感觉到比较彷徨，通过活动，打消了学生的疑虑，加深了学生的了解和互信，增强了班级凝聚力。本次主题班会主要是学生体验游戏、发表感言。让学生亲身体验，在体验中感悟和反思宽容的重要性，表达和分享中提升了认知，最后达到了自我成长、互助成长、共同成长的效果。

中学生的素养形成是一个漫长过程，需要依赖时间的沉淀和学生自身实践的积累，中学生在学校阶段形成的世界观、人生观、价值观，会对其产生深远持久的影响。主题班会课作为培养中学生德育素养的主阵地，班主任应该在班会课上注重学生的自我体验和感悟，积极营造课堂情境，促进学生最大限度地参与课堂体验活动，使学生能够在潜移默化中实现自我纠正、自我教育，自我提升综合素质，促进全面发展。

图1　小组设计海报

游戏活动表真心

【实践背景】

新接手高一（8）班，从级组那了解到本班的学生构成比较复杂，有个性的学生较多，在日常的常规管理上需要花费较多的时间。经过上一次同学间相互介绍认识后，同学们基本相互认识了，认识程度再深入一些的话就有困难了，开学两个月，期中考试后经常会有学生找到我抱怨这个小组的组员怎样怎样，纪律怎样怎样，让我感觉我们班的班级凝聚力不够强，学生的集体意识还不够，很多学生只会想着自己，对于小组和班级的看法存在一定的偏差。所以，有必要召开一节班会课，增强班级凝聚力，让学生能更好地融入小组和班级，多用欣赏的眼光来看待身边的人和事，培养高一学生优秀品格、良好习惯等核心素养。

【教育过程】

在班会课前，先准备了真心话大冒险的纸条，放在盒子里，同时准备了一些礼品——棒棒糖，下载了歌曲《朋友》，准备在班会课结束时播放。

师：新学期开学已经有一个月了，对我们的同学也有了初步的认识和了解。同学们相处了也有一年多的时间了，但我感觉有些同学还是比较拘谨，所以同学之间的了解还不够多，今天的班会课我们来玩一个游戏，叫真心话大冒险，相信不用介绍，很多同学都知道怎么玩了。游戏规则是：我随机抽取一名同学，抽到的同学可以选择真心话或者大冒险，任务完成后，可获得奖品——棒棒糖。然后这位同学再来抽取下一位上来挑战的同学，以此类推。

活动开始，整个活动过程大概35分钟，一共有13位同学上台接受挑战。印

15

象比较深刻的有以下几位同学:

同学A选择了真心话,她抽到的话题是:世界末日,你会幸存,并且你可以救一个人,你会救谁?

在回答这个问题时,这位女同学眼眶都红了,她说要救自己的妈妈,因为一直以来妈妈都很辛苦地去工作,给她提供很好的学习和生活环境,当她不开心的时候,妈妈总会做她的忠实听众。妈妈从来不会给她很大的压力,不会要求她要做到什么程度。很多同学的脸色也比较沉重,仿佛感同身受,可能勾起了他们对家人的思念。

同学B选择了真心话,她抽到的话题是:你觉得我们班谁最有可能是高考的黑马?为什么?

抽到这个话题大家都很期待,有几个男生在底下示意同学B说黑马是他。最后同学B说了张同学,大家一阵惊讶。我就问理由是什么。同学B说:"虽然平时张同学上课话比较多,上课不是很专心,但是,有时候从他回答老师问题的思路来看,他是一个思维比较敏捷的人,而且,我也经常看到他晚修前和晚修的时候在认真做作业,很专注。而且我知道他考上邝中的入学成绩有660分,学习基础比较好,如果他能够把更多的精力用在学习上,他一定能取得很大的进步,高考能取得不错的成绩。"听完同学B的回答,张同学说:"相信我,我一定会是那个黑马。"

教师点评:同学B是一个善于观察的人,不是从表面上给一个同学下定论,而是综合分析后得出结论。这很好,我们在评价同学时也应该要这样,而且多用发现美的眼光去看待同学,每个人身上都有一定的闪光点,不要因为一些小矛盾或者某个同学跟自己意见不合,性格不合就对这个同学充满怨恨,贴上不好的标签。而且张同学既然今天对全班同学下了保证,我们就一起来监督他,如果他有懈怠的情况,我们一起来提醒他。

同学C选择了大冒险,他抽到的大冒险活动是:选一位同伴背起来,绕场一周。他是一个比较特立独行的男生,很多时候都是自己一个人独来独往,与同学的关系比较疏远,包括小组的成员对他的评价也负面偏多,觉得他没有集体意识。这时候大家都在期待,他会选择谁,而且到底被选中的那个同学会不会拒绝配合?最后他选择了小组的一个男生跟他一起来完成,那个组员也没有拒绝，欣然接受。然后，同学C就背着这位男生绕场一周，大家都在鼓掌。最后，同学C有礼貌地对这位男生说谢谢。这位男生说："没关系，我们是一个小组的嘛。"

教师点评：说得很好，一个小组的同学，就应该要互帮互助。我们每个人都是独立的个体，我们不能要求每个人跟自己一样，人与人之间相处难免产生矛盾，只要大家都有一颗包容之心，有一颗坦诚之心，做到求同存异，有事情多沟通，敞开心扉，多点包容和体谅，人与人之间的关系会更加融洽，我们的小组合作会更加和谐有序，我们的班风学风会更浓。

同学D选择了大冒险，他抽到的是跳一段小苹果的舞蹈，这位男生是挂读生，平时性格比较内向话不多，与小组成员的关系还可以，但可能在班上的存在感不太强，可能很多同学对他了解不多。当他抽到这个活动时，我也是很期待，他这么害羞内向，能够完成这个任务吗？他迟疑了一会，但还是努力去完成了任务，虽然跳得一般般，但我感觉也是突破了自己，让同学们对他加深了印象。而在期中的家长会上，他的家长私下找我了解他的学习情况时，我也跟他反馈了这节班会课上的表现，他的家长也很惊讶，觉得他的性格要完成这个任务是很难的。

同学E选择了大冒险，抽到的题目是：你要考上理想的大学。这个话题引起了大家的思考，表情一下子显得凝重起来。E同学说："目前还没想好，想考广州大学，我会为此而努力的！"

教师总结：通过这节班会课，很多同学展示自己的才华；通过真心话，我们也了解了同学们内心的一些想法，增进了了解和互信。三年同窗是难得的缘分，我们应该好好珍惜，同时要多挖掘身边同学的闪光点，做到"各美其美，美人之美，美美与共，天下大同"。

【课后反思】

本设计主要采用了游戏式的活动形式，让学生参与到班会中来。目的是更进一步增加同学间的相互了解，增强班级凝聚力，也希望能够提供一个舞台给学生展示自己。采用比较创新的真心话大冒险游戏方式，让学生在游戏中展示自我，了解彼此，消除误解，热爱集体。采用游戏形式符合学生心理特点，让同学们在轻松愉悦的氛围中展现自我，体验自我价值，进一步增进了同学之间的友谊，加深了相互之间的了解，培养了人文情怀的核心素养，为开展班级管理工作打下了良好的基础。

制订班规

统一思想：培养规则意识

【教育思考】

孟子曰："不以规矩，不成方圆。"然则，90后的学生普遍崇尚个性与自由，行事讲求率性而为。由于其心智欠缺成熟、周全的考虑，如果缺乏有效的约束和师长的教育引导，孩子们在张扬个性的旗号下，往往逐渐演变成随性、任性，与校纪校规甚至社会准则背道而驰却不自知，对违纪的表现既难自控又在同学面前降低自我评价和自我效能感，陷入矛盾而愧辱的心理困境。如若任其发展，不能自控和自助的孩子甚至会陷入"破罐子破摔"的消极态度，长久地贴上"差生、违纪生"的标签，陷入恶性循环和"差者逾差"的马太效应，对孩子的心理危害和性格的长远发展影响不容小觑。其实，每个孩子都有向阳的心性，也许，在规则与自由的辩证关系上，我们进行更多的体验式活动教育，孩子们是可以更自觉地领会到规则的必要性和对自由的保护意义，从而养成自我管理的自律素养，自发自觉地遵守规则，正确地对待规则对其自由的"限制"。

通过一系列的主题班会增强高一学生对规则意识的培养，落实核心素养之自我管理，自主管理的意识。

【教育过程】

活动1：史实导入，案例讨论

哈佛大学的真实故事：

1764年的一天深夜，一场大火烧毁了哈佛大学的图书馆，很多珍贵的古书被毁于一旦，让人痛心疾首。第二天，这场重大事故学校上下得知，有名学生尤其面色凝重。突发的火灾把这名普通学生推到了一个特殊的位置，逼迫他做出选择——在这之前，他违反图书馆的规则，悄悄把哈佛牧师捐赠的一本书带出馆外，准备游哉游哉地读完后归还。突然之间，这本书就成为哈佛捐赠的250本书中的唯一珍本。怎么办？是神不知鬼不觉地据为己有，还是光明坦荡地承认错误？一番激烈的思想斗争后，惴惴不安的学生终于敲开了校长办公室的房间，说明理由后郑重地将书还给学校。

霍里克校长接下来的举动更令人吃惊：收下书表示感谢，对学生的勇气和诚实予以褒奖，然后又把他开除出校。

同学谈感悟后教师点拨：哈佛的理念是——让校规看守哈佛，比用其他东西看守哈佛更安全有效。

让同学们初步认识规则的意义，明确规则与自由的辩证关系。

活动2：概念辨析

（活动目标：明确规则的内涵，准确辨析规则与自由对立而统一的辩证关系。）

（1）何谓规则？

（2）为什么需要规则？规则与自由的关系？

教师总结：规则，是指由群众共同制定和公认或由代表人统一制定并通过的，由群体里的所有成员一起遵守的条例和章程。规则具有普遍性。另外规则也指大自然的变化规律。自然法学家认为，制定规则是为了避免人类在相互争夺中自我毁灭。所以，规则既是对自由的约束，又是对自由的保障。

活动3：深度思考：我们离理想的法治社会有多远？

（活动目标：让学生认识到，社会上的法律和校园里的校纪校规之所以存在，是因为社会上的公民和校园里的学生的规则意识还不足以自律，所以很有必要以法律的约束和违规的惩罚来推动正常秩序的维护。）

社会热点：北京自2013年5月6日起，行人闯红灯当场罚10元，"整治中国式过马路"正式开罚。然而从首日开罚的效果来看，并没有完全震住闯红灯者，有的被罚，有的逃跑，有的找理由搪塞被教育两句便过关。

小组讨论：你认为是什么原因导致国人如此无视规则？（同学畅所欲言）

（预设答案①：交通部门的执法力度不够，有法不依；预设答案②：民众缺乏自律、慎独和文明的意识；预设答案③：中国公民意识里法不责众的从众心理根深蒂固……）

教师小结：文明从来就不是天上掉下来的，国家如此，个人也不例外。我们的社会在规则意识方面的自律性尚不理想，国民素质的提高需要法律来推动，当靠宣传教育已难以根治国人闯红灯的陋习，当国人已难以通过心中的自律来尊重规则、遵守秩序，通过罚款等法律途径来倒逼国民养成"红灯停、绿灯行"的基本规则意识，也很合情合理。

活动4：活动探讨：我们离理想的"慎独"境界有多远？如何落实"自律慎独"的核心素养？

播放关于"守规则"与"不守规则"的视频，反观自身的不守校纪班规的表现，思考如何看待级组的"八大铁律"？（学生回顾反省和畅谈感受）

教师总结点评：今天的班会，让我们深刻辨清了自由与规则的矛盾统一关系——除了限制过于个人主义的自由，规则更在深远和长远处保障我们的权益和自由。孟子曰："不以规矩，不成方圆。"若没了规矩，我们的秩序将陷入一片混乱，个体所追求的自由也将失去存在的土壤。所以，规则表面看起来像是对个人自由的限制，实则是对我们自由和权益的保护。

希望同学们都平衡好自由与规则的天平，自觉遵守规则，养成良好的自我管理和自律慎独的核心素养，自觉维护规则的公信力，让规则更好地保护我们，长远地守护我们求学求知的纯净环境，得以安心专心地追逐自己的梦想，进一步发展自主发展、全面发展的核心素养！

【教育反思】

本设计主要采用了案例讨论、观看视频、模拟场景、讨论点拨等活动形式，让学生参与到班会中来。这些形式丰富的活动充分调动了学生的理性思考，课堂气氛严谨而和谐，内容有深度，指向学生深刻的自省力和思考力。学生通过一系列的活动，真切地体会到规则对有序的秩序不可或缺的意义和慎独对治学、为人的重要性。

本设计主题指向"自主发展——自我管理"维度的核心素养，具体来说，致力于达成遵守规则、自律慎独的素养养成。本节课由世界名校哈佛的史实导入，由生活中普遍存在的不守规则导致自由和利益受损的现象引入对"规则"概念的辨析和"规则与自由"辩证关系的深入思考，思维层次上由浅入深，层层深入推进，让学生由校园到社会、由己及人，反观到自身存在的不守规则的危害和影响，班会活动形式能充分调动学生的思考能力，能使课堂气氛和谐，能让学生明白到守规则对个人和集体的自主发展核心素养形成的积极意义。

设计优化方向：授课后进一步反思本班会的可改进之处，可设计更多让学生参与的体验型活动，如游戏、辩论、演讲、文体表演等，使活动形式更活泼、寓教于乐，让学生的参与面更广。

齐做班级主人翁，民主定班规

【教育思考】

制订班规不是为管而管，而是通过班规的制订，增强学生的责任意识和规则意识。培养学生参与班级事务管理的热情，增强公共参与的能力，提升学生的核心素养。当我们统一思想后，高一年级的各班开始着手草拟本班的班规。高一（8）班采用小组量化评分表，推选专职班干主司评比。操作方式是把班级公约进行小组量化评优操作，每周口头和每月奖品奖励表彰优秀个人和先进小组，形成班内你追我赶、积极向上的氛围，这种方式把对规则的遵守内化为学生的主动追求，在学生乐意遵守、主动遵守的机制下，在遵守班规校纪的前提下，发挥好学生的个人自由和主观能动性，使自我管理素养成为学会学习、自主发展素养的基石。

最后通过班级公约的制定和小组量化评分表的推行来助力学生实现他律与自律的结合，给学生一个实现知与行相统一的行为框架，在"知"的认识上深刻，在"行"的落实上可操作性强，学生表现出接受性较强，对本微课活动的主题认同度较高，能深刻认识到遵守对自我管理、自主发展核心素养培养的深远意义，自律意识素养得到了明显提升，教育效果就达成了预期的目标。

【教育过程】

为使班规在全班每一位同学心中都有认同感和公信力，采取全员同学参与、一起定班规的做法，商讨修订本班班规。

班规如何制订，我将问题抛给了全班同学进行深入探讨。学生的意见比较零散，有的说不交作业扣分，有的说迟到要扣分，有的说上课讲话玩手机扣分，有的说上课睡觉要扣分，众说纷纭。

经过民主讨论，全班一致通过：

（1）班规从广度来——一般包括学习、生活、纪律三大方面，学习分课上和课下两个时间段，课堂上可以细化到听课、发言、睡觉、玩手机、做其他科作业、讲话、开小差、看课外书等，课下又可以细化到作业的复习、预习等。

（2）制订班规的原则是：可操作性、发展性原则；奖励为主、惩罚为辅的原则。

（3）选择责任心原则性比较强的、文字表达能力较好的同学草拟班规。

（4）班主任召开班委会，共同讨论修改班规。

（5）班长宣读讲解班规，继续讨论修改，最后表决通过，正式出台班规。

（6）公示班规。

附：

高一（9）班班规

班训：淡泊明志，宁静致远。

班风：自信、自律、活泼、惜时、务实、拼搏、团结、共进。

班级目标：志越万仞山，九上万重霄！

口号：文者称雄，武者称霸，高一（9）班，雄霸天下！

班级荣辱观：以遵守班规为荣，以破坏班规为耻；以助人为乐为荣，以自私自利为耻；以为班争光为荣，以违纪受过为耻；以团结友爱为荣，以分裂伤害为耻；以勤奋好学为荣，以懒惰散漫为耻；以争分夺秒为荣，以虚度光阴为耻。

班规：

一、进校：穿戴整洁重仪表，备齐用品准时到；进校说声老师好，相互问候有礼貌。

二、早读：勤奋好学争分秒，贵在自觉效率高；语数英语同重要，书声琅琅气氛好。

三、升旗：升旗仪式要搞好，动作整齐第一条，齐唱国歌感情深，肃立致敬要做到。

四、上课：铃声一响教室静，专心听讲勤思考；举手发言敢提问，尊敬师长听教导。

五、课间：课间休息不吵闹，文明整洁要做到；勤俭节约爱公物，遵循公德最重要。

六、晚修：独立思考不讨论，安静学习效率高；不趴桌子不睡觉，专注学习成绩好。

七、学习：各门功课要学好，遵守纪律最重要；预习复习要自觉，环环扣紧才生效。

八、作业：审清题意独立做，格式规范不抄袭；簿本整洁字端正，保质保量按时交。

九、活动：科技文体热情高，体魄健壮素质好；思想觉悟要提高，班队活动少不了。

十、生活：爱惜粮食要记牢，节约水电少浪费；服从管理加自律，遵守纪律觉悟高。

十一、离校：值日卫生勤打扫，按时离校关门窗；横穿马路站看行，安全法规要记牢。

十二、目标：人生志向永不变，不达目标不罢休；能力道德要兼优，报效父母与国家。

制订班规的过程中需要经过一个思想引导，达成共识后，再通过民主的方式制订出来，内容贴近学生的内心需要，体现民主管理，同时发挥学生的主人翁精神，增强学生公共参与的社会意识。

践行班规：有"规"必依，违"规"必究

【教育思考】

班规制订出来以后，关键在于执行，如果师生都把班规视为一纸空文，班级管理就会陷入僵局，因此作为班主任，首先要尊重班规并按班规处理班务，表扬和处罚学生都要做到有规可循，做到有"规"必依。

当学生违规时，有的老师很容易冲动发出错误的信息，让学生感到委屈，甚至反感，影响师生关系，影响班级和谐。作为班主任应该正确有度地执行班规，做到违"规"必究，同时又要求班主任讲究处罚的技巧，讲究沟通的艺术，恰如其分地处理好纷繁复杂的学生问题，促进师生关系的良性互动。

对于学生来说，部分学生有可能有侥幸的心理，希望老师对自己的违规行为网开一面。因此作为老师也有讲究原则，做到教育与处罚相结合，让学生承担违纪的责任，又不能太伤学生的自尊心。灵活地做到违"规"必究。

【教育过程】

（1）表明态度，拒绝耍赖。

（2）有"规"必依，违"规"必究。

（3）按异质同组的原则组成六人小组——采用小组捆绑制记分制度。以周为单位由班委统计各组得分，表扬奖励分数高的组别，激励落后组别，甚至处罚较差组别。

比如：计算课堂上小组得分：课堂上不同层次的学生回答问题采用不同的加分激励方式，如果差生回答问题，加3分，中等生回答问题，加2分，优等生回答问题只加1分。打分不是打给个人，而是打给小组，为了整组都能拿高分，组员会不断鼓励差生回答问题，这样就会激活整个小组的活力，达到优生帮差生、共同进步的效果。同时，要使小组合作讨论有持续的动力和成效，还要注重分数的收集和不同层级的评价奖励，比如学校要制订统一的登分表，一周一

汇总，以班为单位，每两周评选出班先进学习小组，每月、每学期评选出校先进学习小组，累计作为学生评优评先进的依据。在课下以及纪律上、生活上的记分方式同样以此类推。实践证明这些举措均有利于提高小组合作的实效，并带动教师改变教学策略和教学形式，从而提高课堂教学实效。

（4）建立违规处罚制度如下（节选）：

第一章　总则

第1条　为了帮助同学们养成良好的行为习惯，促进班集体更加团结、上进，营造优良的学习氛围。经全班同学一致通过，制订本规定。

第2条　本规定的前提是《中学生守则》《中学生日常行为规范》以及学校相关规定，任何同学不得以本规定未尽事宜或不完善为由曲解、违反学校以及其他相关规定。

第四章　行为习惯规范及处理意见

第1条　未经允许或无特殊情况不得擅自调动交换座位，违者每次扣1分，并责令换回原位置。

第2条　私下或公开污蔑诽谤他人，说出或做出不利于同学以及班级团结的言行一次扣2分，并公开向受害者或全班检讨、道歉。

第3条　班干部是班级核心力量，应随时做好表率作用。班干部违纪每次加扣，包庇、弄虚作假每次扣3分。

第4条　书本是知识的源泉，课堂乃知识的河流。每位同学都应该认真听讲，遵守课堂纪律。课堂上因违纪被任课老师点名批评一次扣2分，严重扰乱课堂纪律扣2-7分，上课睡觉一次扣2分，上课迟到早退一次扣2分，旷课一节扣5分（包括：①未请假离校；②自习课擅自离开教室）。

第5条　良好的知识源于作业的巩固，认真及时完成作业是中学生的责任与义务。不完成作业或未及时交作业一次扣1分，连续三次则罚清洁一周。考试作弊一次操行等级降一级，成绩作废。作弊与协同作弊按同样规定处理。

第6条　良好的生活、学习环境是取得优异成绩的保障。爱护卫生，从我做起！乱扔垃圾一次扣1分，并罚扫地两天。凡是卫生打扫不及格，打扫者每人扣

1分，并罚扫地一天；未参加打扫者加扣2分，并罚扫一周。

第7条　班干部的工作需要全班同学的合作与支持，个人有意见或建议请在课余或其他适当时间提出。不得带头起哄、妨碍或抵制班干部进行的工作安排，违者扣3分，威胁班干部或其他同学一次扣5分。

第8条　严禁喝酒、抽烟，上学期间不准上网、不准打游戏、不准打台球、不准打牌，不准私自下河塘游泳，不准看色情、凶杀、迷信的书刊和录像，不准追、爬吊车，违者将严重处理，并扣纪律分10分。

第9条　遵守级组的仪容仪表规定，女生必须扎头发。违者扣纪律分3分。做清洁一周。

第10条　寝室内务打扫较差的同学每人扣2分；纪律较差讲话的同学扣2分。

第11条　在课堂和自习课上：看与当堂课无关书籍一次扣2分，并永久没收书籍，使用与当堂课无关的电子产品、通信设备扣5分，并没收通知家长。上学期间抽烟、喝酒、打牌一次扣10分。打架斗殴者交由学校记过处理。

第12条　不在教室及走廊上追逐打闹，违者扣2分；损坏公物照价赔偿，故意损坏扣10分。

第13条　公然顶撞教师，教育后不改正者，扣纪律分5分。附注：犯错误的一次一个检讨，两次通知家长，三次上报学校备案（情节严重的一次就通知家长，两次就上报学校）。一周累计犯错三次的请家长来校一次。

第14条　上课期间上厕所者一次扣2分，病人除外。

第15条　跑操借机偷懒者扣3分。

第16条　缺交作业一次扣2分，当天通知家长。

第17条　在课室吃有刺激性食物者一次扣1分，上课期间吃零食、喝饮料者一次扣2分，在课室举办聚餐者一次扣10分。

（5）制订配套学生违纪处罚登记表

学生违纪情况登记表

学生姓名		班级		性别	
联系家长（姓名）				电话（父母）	
学生违纪情况记录					
学生签名：		谈话人签名：			

执行班规：温情与理智的结合

【教育思考】

规章制度是冷冰冰的、硬硬的东西，在执行过程中需要我们温情地对待，才能收到良好的管理效果。

年轻的班主任都会犯这个错，就是当面对屡教不改的学生，恨铁不成钢，感觉到学生恩将仇报，很容易暴跳如雷，把学生狠狠批评一顿后再狠狠地罚，结果，班级里还是烽烟不断，搞得手忙脚乱，还成就了一个差班乱班的名声。因此，在处理学生问题时，要坚持原则和人本相结合，既要提要求，又要严格执行，同时还艺术地处理，要注意贯彻扬长思维，学会抑扬手法，多扬少抑，扬长避短。扬长，就是将学生个体的长处发扬起来。

如果经常表扬做得好的同学，本来做得好的同学会倍受鼓舞，知道自己表现得好，老师看到了，对自己印象很好，就更加积极奋进。而做得不好的同学，见到老师没有表扬自己，也知道老师看到了自己不尽人意的一面，没有批评算是对自己的尊重了。于是他们会向好的同学学习，表现得更加好一些，对不当行为的关注会少一些。如果经常表扬班上好的方面，学生也就真的觉得自己的班就是这样，表现自然向好的方面靠近。这也是上面所说的重复定律与期望定律的表现，同时这也就是罗森塔尔效应——即通过教师对学生心理的潜移默化的影响，从而使学生取得教师所期望的进步的现象，也称为皮格马利翁效应。我们要谨记这个效应，时刻提醒着我们的思想与行为对学生的影响。

德国教育家第斯多惠说："教学的艺术不在于传授，而在于激励、唤醒和鼓舞。"这种扬长的思维举措，需要教师平时多观察，才能够找到可以激励、唤醒和鼓舞的闪光点。对于常违纪的同学，他们的某一些违纪行为很容易被察觉，我们就像看到一张白纸的黑点一样，看得特别清楚，而白的部分却忽视了。对于学生，大部分的学生犹如那张纸的白的部分，因为他们不逾规。但是又不仅仅是白的部分，因为白纸的白都是一样的，而好学生的好又各有不同。

同是勤奋的学生，各有其不同于他人的勤奋之处，积极上进的学生的表现也有些差异，毕竟是不同的个体。而这对于教师来说，就需要耐心、静心地观察，慢慢地了解清楚他们的具体表现，然后逐步抓住契机来表扬。但要注意班主任有扬长思维，并不代表着只扬长，不批评。坚持着扬长思维，意味着当遇到学生违规的时候，应该及时批评，并且对事不对人。批评后不应因此而否定学生个人。一般来说，违规了的学生，他接下来一段时间会表现比较好。我们要在适当的时候找其亮点安抚其心灵。而如果在处理学生问题的过程中，遇到偏执、冲动的学生，语气更要平和，然后扬其优点出来，以示班主任是知道他的好的，并非是对他有偏见的，并非是想为难他的。面对学生问题，不是堵，而是疏和导。

所谓"要想除掉旷野里的杂草，就在上面种上庄稼"。庄稼长好了，自然长杂草的空间也就慢慢没有了。管理班级也是一样的。我们要想的、要做的并不是如何"除草"，而是如何种上庄稼，如何培育好苗子。当我们用心培育好苗子，孬种子长成的概率自然就大大降低了，更别说会有长杂草的空间了。对于学生来说，没有好或孬种子之分，只有优缺点之说，学生个体的长短处之说，我们需要做的仍是扬长避短。多发挥班级及学生个体的长处，让他们在自己的长处上花更多时间与精力，培养出更出色的自己。

在此和大家分享一篇我在当高一年级班主任时处理学生问题的一点思考，下面是我当时写的一篇教育日志：

以心解人以爱暖人
——略谈师生沟通技巧

在教育教学工作中，班主任设计的所有德育活动，都是以特定的师生关系为前提的，师生关系的好坏直接关系到教育成效的高低。如果班主任懂得如何去跟学生沟通，如何去满足学生的需要，与学生建立相互尊重、信任关系，教育效果就会事半功倍。因此，班主任必须懂得并善于运用师生关系沟通的艺术，与学生建立良好、融洽的关系，通过高质量的沟通，使学生受到情感上的感染、思想上的震撼、精神上的鼓舞、心灵上的启迪，从而取得良好的教育效果。

下面，我就结合几个教育个案谈一谈师生沟通的技巧。

一、用真诚赢得学生的信任

人本主义心理学家亚伯拉罕·马思洛曾经指出："当人际关系缺乏真诚的时候，就无可避免地会产生疾病。"在很多的人际关系中，如果人与人之间缺乏真诚，就会极大阻碍沟通的展开。同样，在师生的交往中，学生对老师的信任度和接纳度有多高，受老师所传递的教育影响就有多高。而这种信任的产生，需要老师自身对学生犯错的接纳、包容；适度的批评和表扬，甚至勇于承认自己无意中犯下的错误，这样才可能让学生对老师产生信任，和老师成为无话不谈的"朋友"，对老师的引导和教育才有可能做到"言听计从"。

以前我们班有一个女孩，她表面大大咧咧，不拘小节，但自尊心特强。有一个学期，我根据沟通需要，要求每一个学生都填写家庭电话和父母的手机号码，但我发现部分学生可能担心老师会向父母反映情况，没写父母的手机号码。于是我说："你们不用担心老师会向你父母说你什么坏话，要你们的电话号码是为了方便与家长联系而已，更不会公布出来，你们尽管放心。"结果很多同学都补上了父母的电话号码。最后，还剩下王妙玲等几个同学没有写上去。我想王妙玲是本地的学生，家长不会连手机都没有吧？是不是还没想通？我带着疑问前去小声问她："妙玲，你为啥不写父母的手机号码？是不是还有顾虑？"我的话还没说完，她就怒狠狠地瞪着我说："我是穷，我家没钱给我配手机，我父母也没有手机。你没穷过，当然体会不到我的痛。"看到她发怒的样子，我一下子愣住了，心想是不是我真的伤害了她。早读下课之后，我找了她出来，她还是气恼的样子，我牵着她的手，来到校园一个僻静的地方，想让她平静一下。她不哼声，也不看我，我首先打破尴尬，轻声地说："如果我做了什么伤害你的事，请原谅，老师也是无意的。"她一听我这样说，就失声哭了起来，我连忙安慰她说："都是我不好，是老师的错，老师不该伤害你的自尊心，家里是不是有什么困难，要不要老师帮忙。""不用，我家虽穷，但不至于要别人帮。"我意识到她不打算和我说实话，戒备心很强。"那好，聊点别的。"我和她聊起了上次她妈妈来开家长会时，赞赏她的话，聊她在上一次校运会的出色表现。我能感觉到她的敌意在一点点冰释。在当天的班会课上，我讲述了自己中学阶段虽然生活清贫艰苦，但依靠自己的努力最终圆了梦想的真实经历。让同学们懂得贫穷不是错，不必因贫穷自卑，化贫穷为成才的动力才是我们该走的路的道理，也让他们明白了要多从积极的角度看问题，没有手机反而可以让自己免受干扰，更加专注地学习，难道不是好事一桩吗？

当天放学后，妙玲同学找到我说："老师，是我错了，我知道你没有瞧不起我的意思。"那一刻，我悬着的心终于放下了。后来，我们之间慢慢建立了一种彼此尊重、信任的关系，师生关系中多了一层朋友的色彩。偏激、孤傲的言行在她身上逐渐减少，固执、敏感的个性也有了很大的改变，学习成绩也由年级的中等水平提高到中上水平。我确信，她的内心世界已经有了阳光照耀。

这个案例表明，学生对于教师施加的教育影响，是有选择性地接受的。学生对老师越是信任，教师的教育影响力越高，教育效果越好，学生对老师油然而生一种崇拜、信赖之情，感受到老师是真诚对待自己的，也会用真诚来回报老师，因此，用真诚唤起信任的沟通艺术，是班主任开启学生心灵的一把金钥匙。拥有它，你才能读懂学生的内心世界，实现高质量的沟通，取得良好的德育效果。

二、用无声语言激发学生的正能量

常言道，无声胜有声。以前，我总认为老师只有和学生谈话才叫沟通。事实告诉我：无声的语言同样可以发挥沟通的效能，而且往往比有声的语言更快捷、有效，是师生沟通中不可缺少的有效方式。

曾经我班上有一位调皮的男生叫陈庆发，刚分班时表示不愿意在我们（1）班，我告诉他："刚到新的班，有点不习惯是正常的，过段时间，还是不习惯的话再跟我说吧。"他一听，也就同意了。后来他因个子高被推举为体育委员，但我发现他虽然当了体育委员，但对班级的事漠不关心，而且在我上课时摆出一副爱理不理的样子，甚至用极其冷漠的神情面对讲台上侃侃而谈的我，我内心一下子充满了挫败感。潜意识告诉我，他的学习及精神状况和我有关。通过侧面了解我才知道，他是听说我管理非常严格怕自己经常违反纪律被罚而受不了，所以想方设法要调班，故意表现出不愿学、不愿做的行为特征。我了解到事情的原委后，决定转变他的思想观念，让他理解班级管理的规则，理解班主任的工作方式和目的，改善师生关系，进而激发他的工作和学习热情，使他爱上这个班集体。于是，在每次集体劳动的时候，我都发挥他个子高的优势，把打扫窗楣的任务交给他，并经常用微笑给他以赞赏和肯定。在上课的时候，经常留意他的反应，发现他能留心听课，正确回答老师的问题时，就适时给予肯定和赞赏的表情，微笑着对他点点头。在学习成绩有提高时，我就由衷竖起大拇指向他表示赞赏。这些无声的语言给了他莫大的鼓励，让他感受到老师的关注和爱护。不久陈庆发同学一改过去懒散的坏习惯，每天以整齐的仪容仪表出现在课堂里，对班级的管理工作也认真负责了许多，自信心增强了，学习积极性也不断提高，对我们（1）班充满了感情，再也没有转班的念头了。

这个案例表明，良好的师生关系也可以在无声的沟通中建立，对学生而言，老师所做的每一件事都是在与学生进行沟通，一举一动，一颦一笑，说话的语气声调、面部表情，甚至是作业本上老师画出的标注等，都在在向学生传递一种信息。著名教育家苏霍姆林基曾说："教师最大的幸福与快乐就在于与学生的交往，因为你的每一步、每一句话，你的眼神，甚至于你的目光一闪或者一抬手，这一切都会深深地留在学生的记忆中。"因此，师生之间的沟通实质上是师生双方整体信息的沟通，每时每刻都在进行着。老师除了在某一特定的时间、特定情境下通过有声的语言和学生进行交流外，还可以随时用无声的语言与学生进行交流。这些无声的语言对学生会产生积极的暗示作用，使学生感受到老师的关注、理解和信任，从而表现出积极的情绪和行为。这样才能建立彼此接纳、相互理解、心灵共振的师生关系，才能达到良好的教育效果。认识到这一点后，我除了在言语上"用心"沟通，了解他们的需求外，还会用无声语言告诉学生，我并没有忽略他的存在，而是每时每刻都在关注、关心着他。

三、用耐心聆听学生的呼声

当学生犯错时，很多老师习惯于采用批评教育的方法，认为自己的"经验之谈"是拯救孩子的灵丹妙药。事实上，这种"训话"往往不能从根本上解决问题，反而使问题潜伏下来，成为师生之间情感沟通的屏障。只有耐心聆听学生的心声，才能捕捉到他们的需要与愿望，准确地找到问题的切入口，有效地解决问题。我是在班上处理"班务日记"这一事件的过程中深刻体会到这个道理的。

有一个学期，我根据学生的建议设置了一本意见本，名字叫"班务日记"，放在讲台上，如果对老师或对班级有什么建议就写在上面，以便更好更快地了解学生的心声。过了一段时间，班长刘丽兴哭着找我说，她不当班长了，因为个别同学在那意见本上写了许多让她难堪的话，对她进行人身攻击。我听了有点纳闷，决定亲自去看看。看了之后发现同学们在上面写的净是一些无聊的话，其中的确有一部分有人身攻击的成分。比如：当班干部向老师反映情况时，就骂班干部"二五女"，有的甚至号召全班同学一齐来打倒"二五女"等等。我看到这些乱七八糟的话语，觉得很恼火，在当天下午的第八节课，开了临时班会，将他们狠狠批评了一顿，其中邵其钢同学站起来说："老师，你听我解释。""你不用说了，我知道你想说什么。"我阻止了他的"狡辩"，那一刻，我看到了他眼中的失望，这个喜欢惹是生非的男生是我觉得最头痛的一个，每次面对别人的批评、指责，总是极力申辩，不肯承认错误。这次我没有给他申辩的机会。第二天上课的时候，我敏感地发现，班上的气氛有点不对劲，死气沉沉。我想：是不是跟我昨天处理问题有关？下午放学时，我说有什么事情想跟老师说的，就到办公室来找我吧。我刚回到办公室，邵其钢等四位同学就跟着进来了。邵其钢跟我说，他写那些不文明的东西是因为看不惯班长的种种行为，他动一下班长就用眼睛盯着他，所以要求重选班长，接着又跟我提了几项班级管理的意见。我耐心听完他们的诉说，发现他们的主题只有一个，就是要自主，不想别人管束，为自己的小毛病、小动作找了很多辩解的理由。我说我理解你们这个年龄阶段的心理特征，要独立、要自主、自律性不强，但又不喜欢他律。虽然一个人的成长总会犯错，但每次犯错都给自己找理由，那么你永远也不可能有进步，希望你们能正确处理自由和纪律的关系，更希望你们能理解班长和老师的工作，走出自我中心的误区，同时我又称赞他们积极为班集体出谋划策，能站在集体的角度来看待问题。一番真情的独白后，他们的眼睛告诉我，得到老师的理解、信任和尊重让他们感到非常愉快。慢慢地，我们的谈话中出现了这样的语言："老师，其实这事不能怪班长"，"老师，这件事我应该负一定的责任"，"我们以后不再写这些伤人的话了"，"干脆我们取消这本让同学伤心，让老师不开心的无聊本子"……我惊喜又温和地看着他们，发现他们好像一下子长大了。之后，这些同学学会了宽容、合作和反思。在那一周的周记里，邵其钢同学写了一句让我倍感惊异的话："宽容别人是一件快乐的事情，其实宽容别人就是宽容自己。"我的积极聆听，使他懂得了宽容别人是可以使自己快乐起来的。

通过这个案例，我学会了在师生交往中巧妙地运用聆听的艺术。耐心聆听使我更准确地了解学生的真实状态，更理解学生的内心需要。我的聆听态度也使学生感受到老师的关注和尊重，从而愿意接受老师的教育。通过聆听，也培养了学生自己解决问题的能力，增强了学生的责任感和反思意识，进而塑造了学生自信自爱等重要的心理品质。事实证明，学生是在自己解决问题的过程中成长起来的。这些问题的存在本身是正常的，重要的是学生在老师的引导下去积极地解决问题。

几个案例表明，班主任工作是一项认真细致的工作，只要我们多用心观察学生、了解学生、理解学生，善于运用师生沟通的艺术与学生多沟通，多用不同的方式去沟通，就一定能取得良好的教育效果，温暖学生，成就自己！

心灵盛典　感恩教育

教学实践一：懂得感恩父母

【教育思考】

我们的学生大多是独生子女，从小被父母呵护着爱着，有着90后孩子的共性——自我、娇气和自由主义。加上处于青春期的叛逆心，有些孩子不知父母生活的艰辛劳累，更不在乎父母的希望和期待。父母的关心在他们眼里成了啰唆和麻烦，他们总嫌弃厌烦父母的唠叨，埋怨父母不理解自己，但从来不会从父母的角度，去为父母想想，体谅生活的忙碌与劳累。在中国学生发展核心素养中的"自主发展——健康生活"维度，"珍爱生命、健全人格、自我管理、责任担当"的素养亟待班主任进行积极的引导和培养。让学生感受父母的舐犊之情，理解父母的深沉之爱，体验父母爱的无私和伟大，激发孩子们感恩父母的真情感，养成懂感恩的健康人格素养。让学生学会表达对父母的感恩，关心父母，孝敬父母，以实际的行动报答父母，形成独立、自主的自我管理素养——"感恩父母、健全人格"。

【教育过程】

1. 体验活动准备

（1）准备反映母爱和父爱主题的视频《苹果树与男孩的故事》《为妈妈洗脚》及体现父爱母爱的图片。

（2）准备歌曲《感恩的心》《真的爱你》。

（3）活动形式：问卷调查、观看视频、故事分享、文体表演（歌曲、手语）、图片共情、亲子对话（真情告白、短信寄情）。

2. 活动开始

课前准备活动：你对父母的了解有多少？

（1）你父母亲的生日分别是＿＿＿＿＿＿＿＿＿＿＿。

（2）你父母亲的体重分别是＿＿＿＿＿＿＿＿＿＿＿。

（3）你父母亲的身高分别是＿＿＿＿＿＿＿＿＿＿＿。

（4）你父母亲分别穿＿＿＿＿＿＿码鞋。

（5）你父母亲分别喜欢的颜色是＿＿＿＿＿＿＿＿＿＿。

（6）你父母亲分别喜欢的食物是＿＿＿＿＿＿＿＿＿＿。

（7）你父母亲喜欢的日常消遣活动是＿＿＿＿＿＿＿＿＿＿。

（8）你父母亲喜欢做的运动是＿＿＿＿＿＿＿＿＿＿。

（9）你妈妈经常用来教育你的口头禅是＿＿＿＿＿＿＿＿＿＿。

（10）父母对你的期望是＿＿＿＿＿＿＿＿＿＿。

（11）父母身体健康状况＿＿＿＿＿＿＿＿＿。

（12）父母生日那天你有何表示＿＿＿＿＿＿＿＿＿。

把答案写在一张纸上带回家给你父母评分。答对6题以下的说明对父母的了解和关心很不够，请以后多与父母沟通。

3. 导入：品味图片，激发情感

（1）看图片：《母亲》《我的丑娘》。

有一个人，她总能包容你所有的错误。

有一种爱，它让你肆意索取、享用，却不要你任何回报……

这个人，叫"母亲"，这种爱叫"母爱"。

（2）欣赏油画《父亲》：

父亲是弓，孩子是箭。

箭要射向远方，弓就要拉弯。

箭要射得越远，弓就要拉得越弯。

当箭射向了远方，弓还能拉直吗？

他有的或许仅是佝偻的身躯，但对于他的儿女来说，那便是一座大山。

小结：主题——父爱如山，母爱如水。

（3）学生谈体验感受，教师引导：

父爱如山，宽阔的肩膀托起我们的身躯；母爱如路，为我们指点迷津，保护我们一路走好。作为子女的我们，可曾想过他们对我们的恩情有多深、有多重？又有没有表达过对他们的感激和爱呢？也许，我们早已习惯了父母对我们单向的付出，也习惯了对他们羞于表达、怯于流露自己的心声。今天，我们来上一节主题为"爱在心头口易开"的感恩素养活动体验班会。

感恩体验：爱在心头。

活动一：品味视频《苹果树与男孩》的故事

学生谈看后感受：略（很多学生为其中表达的人生道理而陷入沉思，个别学生想到父母为自己的付出而感动，眼泛泪光）。

小结：世界上最遥远的距离，不是生与死，而是我就站在你面前你却不知道我爱你。

活动二：谈谈你与父母的故事

走过十多年的风雨成长路，相信你与你的父母之间也会有许多令你感动的故事。请和大家一起分享……

活动三：回顾在家里父母经常对我说的话是什么？我最经常对父母说的话是什么？

1. 父母最常说

你要好好学习啊！

天气转凉了，你穿够衣服了吗？

你正是长身体的时候，多吃些！

……

2. 我们在家最常说

我回来了！

哦，我知道了！

你真烦！

今天吃什么啊？

我没钱了！

老师要你签名。

……

活动四：反观自我

你们遇到过这些事吗？你在家有没有过下面的做法？

情境1：一个同学说："我妈就是烦。每天我吃早餐的时候，她就说'吃完早餐去喝牛奶，别忘了。'其实牛奶和书包都放在我的写字桌上，我上学拿书包，不就看见牛奶了吗？真是多嘴！"

情境2：李力出门上学时，爸爸、妈妈每次都叮嘱一句："路上小心，注意安全，早点回家。"李力想："天天听这句话，我耳朵都快磨出茧子了，烦不烦呀。"

情境3：放学回家，你一声不响，"嘭"的一声关上门。

活动五：把爱称重

把父母为你做的事和你为父母做的事列举出来，作为砝码放在天平的两端，看看你的天平是否倾斜得太厉害？如果是，请你加重砝码。

升华主题：千言万语汇成一句话："爸妈，我想对你说……"

活动六：闭着眼睛两分钟想想父母，表达你最想对父母说的一句话

爱在心头口难开吗？

感恩一定不要仅发于心而止于口，对你需要感谢的人，一定要把感恩之意说出来，把感恩之情表达出来。

活动七：真情告白："爸妈，我想对你说……"

（1）闭着眼睛想想父母，表达你最想对父母说的一句话。

（2）请在纸上写上你最想对父母说的话。

（3）和我们分享你的真情。

把心中的话编成短信，现场（或今晚）发给父母。或写一封信给父母，表达自己的情感。

孝顺于行：除了说出你对他们的爱，你认为应该如何用行动报答父母的恩情？

活动八：欣赏公益广告

请欣赏公益广告"为妈妈洗脚"和催哭千余家长和学生的视频"德行天下，从头做起——我为父母梳次头"，并谈感受。

老师小结：感恩一定不要仅发于心而止于口，对你应该感谢的人，一定要把感恩之意说出来，把感恩之情表达出来。父母给予我们生命，珍爱自己的身体和生命，是对父母感恩的体现；养成独立自主的人格，自觉自强，学会自我管理，也是报答父母恩情最好的方式。当我们能由衷生出感恩父母、珍爱生命、独立自强的感情，那我们离成为一个具备健康生活、自主发展核心素养的优秀少年就不远了。

活动九：爱的延伸——让爱看得见

（1）把最美的笑容献给爸爸妈妈。

（2）干干家务活，与父母分享干活的乐趣，体会父母的辛劳。

（3）为父亲捶捶背，为妈妈洗洗脚，冲一杯热茶。

（4）常写信或发短信给父母，给父母写一封信，对父母表示感激并表达出你回报父母的决心。

（5）在各方面做到最好，让爸爸妈妈放心。

（6）努力得到好成绩，同父母分享成功的喜悦，让父母为你感到骄傲。

（7）记住父亲节、母亲节，送上温情小卡片，写上温馨祝福，送上一件小礼物。

……

活动十：让爱听得见

齐唱《真的爱你》。

【班主任寄语】

1. 孝敬父母是为人之本

当我们年轻的时候不懂事，

当我们懂事的时候已不再年轻。

树欲静而风不止，

子欲养而亲不在。

世上有些东西可以弥补，

但有些东西却永远无法补偿。

所以趁我们父母健在的时候，

多一份关心，尽一份孝心。

2. 懂得感恩是快乐之源

感恩的心，

感恩父母，

感恩老师，

感恩朋友，

感恩学校，

感恩社会，

感恩国家，

感恩一切帮助过我的人！

今后，我们一起探讨如何把感恩父母之心，扩充到感恩老师、感恩社会、感恩祖国。

【结课】

活动十一：学习手语表达爱

《感恩的心》。

【活动反思】

本设计主要采用了问卷调查、观看视频、故事分享、文体表演（歌曲、手语）、图片共情、亲子对话（真情告白、短信寄情）等丰富多样的活动形式，让学生参与到班会中来。

这些形式丰富的活动充分调动了学生的情感体验，课堂气氛具有感化人心的感染力。学生通过一系列的活动，深入真切地体验到亲子间的舐犊之情。不少学生在课后找老师谈到自己平时漠视父母付出的内疚和自责，并在周记中反思了自己平时对父母的态度，表达了自己今后珍惜父母健在的光阴，多与他们沟通、多关心父母和回家做家务的决心。在后来和家长的联系与沟通中，有些家长反映子女的思想成长了，懂事了，与自己的谈心多了，甚感欣慰。

本设计主题指向"自主发展——健康生活"维度的核心素养，具体来说，致力于达成懂感恩的健康人格素养和独立、自主的自我管理素养养成。本节课的活动形式能充分调动学生的情感体验，课堂气氛和谐，在一定程度上激发了学生对父爱母爱的真切感受和对自己的反思，思想上有了一定的成长，感恩、孝顺、珍惜、成长、担当等健全人格素养也得到了较明显的促进与提升，教育效果达成了预期的目标。

感恩心、同理心、责任心、换位思考都是青少年成长历程中所应培养的核心素养，而由于成长环境的优渥和平顺，以及应试教育指挥棒的影响，00后的孩子们普遍缺失这方面的素养，而只着力于个人学业和才艺的长进。然而，感恩教育、责任感与担当精神的教育，绝不是一节班会课就可以完成的使命，需要班主任在平时待人接物的言传身教中多向学生传达为人处事的道理，在关注班级的成绩和学业表现之余，多关注学生的心理情感、性格品质和人格素养的完善，把社会主义核心价值观的核心素养通过平时的思想渗透教育，在班级活动中多创设让学生体验的机会，并与家长多沟通，形成合力，创设让学生放眼生活、放眼社会、反观自身、思考如何"成人"的活动平台，先"成人"而后"成才"，共同努力把学生培养成各方面综合素养健全和过硬的人才。

教学实践二：母亲节的贺礼

【教育思考】

孝顺父母是中国的传统美德，我们希望同学们能够有一颗感恩的心，感恩父母，感恩老师，感恩身边的同学朋友。我们常说母爱如水，父爱如山，但我们经常会觉得学生不懂得感恩，甚至总觉得学生在恩将仇报，这是教育的缺失，在母亲节即将到来之际，进行一次感恩父母的主题班会，培养学生懂得感恩，学会感恩，心怀感激。

【教育过程】

活动一：资料收集，问题设计

分组搜集关于道德的相关文章和视频，其中一组搜集关于感恩的相关资料，并设计现场调查的问题。

活动二：讨论互动，导入主题

在2013年四川省一些学校推荐学生入读清华、北大的方案中，对于不孝敬父母或没有参加过社会实践活动的学生一律取消推荐资格。

你觉得该校的规定合理吗？为什么？

请一位参加湖南大学自主招生的学生及一位成绩班级倒数前五的同学各自谈看法。他们均表示该校的规定合理。

——引出主题《德才兼备，心存感恩》

活动三：分享事例，我们要做德才兼备的人

（1）复旦投毒案——有才不一定有德

（2）"李拆城"——有才无德对社会危害更大

总结世上有四种人：

一者为"有德有才"，是为正品；二者为"有德无才"，是为次品；

三者为"无德无才"，是为废品；四为"有才无德"，是为危险品。

我们应该努力成为"有德有才"的正品。

过渡：苏格拉底说："美德即知识。"那么感恩就是美德的一门必修课。

活动四：感恩父母

1. 游戏互动——《一路同行》

游戏规则：

两位同学为一组，一人蒙着眼睛，另一位作为指引者，指导蒙眼者跨越障碍，完成指定路线即可。

要求：

（1）蒙眼者需在原地转5圈，游戏过程中不能触碰任何东西。

（2）指引者只能用声音指导。

（3）用时少者获胜。

目的：体会到成长路上离不开父母对我们的呵护和指引。

"羊有跪乳之情，鸦有反哺之义"。而人也应有尽孝之念，莫等到欲尽孝而亲不在，终留下人生的一大遗憾。

2. 播放视频——《感恩父母》

视频简介：该视频讲了一个年迈的母亲由于丧夫与儿子同住，但对儿子儿媳百般挑剔，而儿子儿媳依然对她细心呵护，照顾有加的故事。不少学生都感动到流下眼泪，并且想起自己的父母。

目的：在感动中体会父母对我们那深深的爱。

3. 现场互动——《话说父母爱，理解父母心》

利用之前的家长会完成一个小调查，让家长写出：

（1）孩子做过的最让你感动的一件事。

（2）你想跟孩子说的一句话。

目的：给日渐冷漠紧张的亲子关系注入一股清流，让学生明白他们的一举一动父母都在关注着，他们无意的一个贴心行为父母就会感动万分，进一步体会如山的父爱，如水的母爱。

活动五：感恩老师及感谢同学

（1）由班干部献上礼物，由一位同学自己主动上台献上礼物并且表达对老师的感激之情。

（2）展示班级合照，回忆大家近两年半一起走过的点滴。

【班主任总结】

刚才的班会上，大家在被别人感动的同时也在感动着我，我们的父母很平凡，但给予我们的爱伟大而无私。

刚才大家讲了父母让你感动的事，在这里我想跟各位同学分享，父母心中又有哪些是让他们感动的事呢？……大家有没有发现，这些都是很小的事情，不是大家考了多少分，或者有多大的成就，而是你一句贴心的话语，一个关心的动作。

"羊有跪乳之情，鸦有反哺之义"，我们要感恩父母，以实际行动来回报父母。除了刚才的这些大家可以借鉴，还有的就是我们要以高考的优异成绩来报答父母，让父母为你骄傲和自豪。

至于感谢老师，我们的每一位老师都是尽心尽责，任劳任怨，希望我们的同学也可以用实际行动感谢我们的科任老师。

总而言之，希望大家在备战高考的时候，在努力提高成绩的同时，不要忘了提高自己的思想道德素质，不要忘了感谢帮助过你的人，我们要德才兼备，心存感恩。

【课后反思】

本设计主要采用了视频观赏、经历与经验分享等丰富多样的活动形式，让学生参与到班会中来。

本节班会课能立足于"中国学生发展核心素养"，在国家提出的核心素养的基础上充分了解班级学生生理、心理、人格特征，确定立德树人的目标。具体环节有事例导入、活动体验、视频感悟、家长信件、情感升华等环节，使学生认识到加强思想道德建设的重要性，并自觉提高自身道德修养，做一个"有德有才"的正品。

该主题班会能抓住学生心灵，唤醒情感，让学生真情流露，有所触动。如选取的视频感人至深，很多学生留下感动的眼泪；让家长在家长会中写出：①孩子做过的最让你感动的一件事；②你想跟孩子说的一句话。这些话语别出心裁，能从另一个角度让学生感觉到父母的爱。正如主持人张翠仪同学所说："在这次班会课中，许多同学都感动得落泪了，也许并不是因为视频有多感人，而是因为视频勾起了我们与父母之间的点点滴滴，所以我们都情不自禁了。父母真的是我们心里最柔软的那一个地方，但同时又是令我们坚强的地方。我们心里难过时，只要他们一句话，就能豁然开朗，我们变得毫无动力时，只要他们一句鼓励的话，我们又开始重拾信心。这次的班会课真的让我想起了许多，也让我思考了许多。"相信在这节班会课中，学生对"德才"、对"感恩"有了更深的体会。

本设计主题指向"自主发展——健康生活"维度的核心素养，具体来说，致力于达成懂得感恩的健康人格素养和独立、自主的自我管理素养的养成。在这个活动中，学生的心灵受到了很大的触动，很多学生真情流露，眼含热泪，在高中阶段，情感的表达比较含蓄，特别是对于父母，爱在心里口难开，往往也因为自己追求独立会与父母产生许多矛盾与隔阂。本节课，虽然父母没能亲自看到孩子的情感流露，但是对于孩子日后与父母的相处会有很大的改善与帮助，学生也能有一颗感恩的心去对待父母。

教学实践三：献给教师节的礼物——手语操表演"感恩的心"

【教育思考】

我们定位高一阶段的德育目标是优秀品格、良好习惯。高一刚入学是品格奠基、习惯养成的重要阶段，所以我们的德育重点放在优秀品格的培养和良好生活、学习习惯的养成上，为此我们开展了一系列的主题班会活动，利用开学第二周的教师节，全体学生向老师们送上节日的祝福和对老师的感恩之情。

【教育过程】

在教师节来临之际，利用升旗仪式表达同学们对老师的感恩之情，我们低年级特意奉上《手语操表演——感恩的心》。

（1）确定方案，高一年级7个班在操场跑道和看台上，另7个班在台下原站位点进行手语操表演。

（2）由两位学生主持整场活动，提前对演讲词进行审稿预演。

（3）各班利用班会课进行强化训练，年级利用第八节课进行彩排约两次。

（4）升旗礼进行前各班各就各位，班主任做好动员落实工作。

（5）国歌响起后，主持人宣布拉开序幕。

附图片：

图1　升旗仪式

图2　手语操表演

【课后反思】

2015年9月7日周一升旗礼，在第三十一个教师节来临之际，高一年级全体同学为全校老师献上了一场视觉的更是心灵的盛宴——《感恩的心》手语操表演，以表达高一年级全体同学对将要陪伴他们走过三年最美好岁月的老师的最诚挚的祝福。这次集体手语操的表演，规模大，用情深，意义远，开了邝中历史之先河，全体师生对这次的德育活动的评价都非常高。高一年级的感恩教育不只是停留在教师节这个节日上，而是要渗透进学生日常生活中的点点滴滴，内化为学生个人的素养，从而惠及学生的整个人生发展。军训时的手语操学习，还有这次的手语操的集体亮相都为我们的感恩教育作了很好的铺垫，我们希望把感恩教育作为起点，逐步达成我们"健全的人格"的德育目标。

手语操表演也获得了全校师生一致好评，同学们倾情表演，十四个班的学生，800多人同唱一首歌，共同表达一种感情，感恩老师的教导，祝老师们节日快乐！在未来的三年里，我们将共同努力，创造辉煌。

参与社会实践　培养科学精神

军训活动

【教育思考】

军训作为学校教育的一种特殊形式，在培养和提高学生素质方面发挥着其他教育形式不可替代的作用。通过军训，同学们不仅学到了基本的国防知识，还学习到了人民解放军艰苦奋斗、吃苦耐劳、爱国奉献、勇于牺牲，勇敢顽强、坚忍不拔的优良传统。这些都十分有利于同学们树立正确的世界观、人生观、价值观，有利于培养同学们爱国主义、集体主义精神；有利于磨炼同学们的意志品质，培养艰苦奋斗、吃苦耐劳的作风，增强战胜困难的信心和勇气；有利于同学们组织性、纪律性的提高和身体素质的增强，从而为将来建设祖国、保卫祖国打下坚实的基础。

【军训剪影】

图1　高一学生军训

图2 高一学生军训

生涯规划

【班会背景和目标】

当前，"6选3""综合批评""高中学业水平考试""等级性考试成绩以等级呈现"……一系列新的政策，为莘莘学子带来了前所未有的机遇和挑战。

而现实中大部分高中学生对自己的未来缺乏责任感，也不知道自己的兴趣所在，往往依赖父母选择学习的专业和从事的职业。在选科中，迷茫彷徨，盲目选科。一旦进入大学或走上工作岗位后，发现自己缺乏兴趣或者不能胜任自己的学习和工作，最终丧失了学习和工作的动力。而事实也表明，学生毕业后无目的、无规划地盲目就业，将影响其长远发展。

本班会课是基于核心素养设计环节，遵循学生身心发展规律，以体验式教学层层深入，从科学的职业测评到小组讨论，让学生认识时代、认识自我、发展身心、规划人生。

【班会形式】

以模拟场景式为主，同时结合职业测评、小组讨论等。

【班会过程】

活动一：拼图小游戏

规则：

（1）讲台上放若干图片碎片，主题各不相同：人物、风景、静物、动物等。

（2）每组获得每幅图的碎片（每幅图的碎片为12片）。

（3）以最快速度将碎片还原成一幅图，速度最快的小组获胜。

提问学生感悟，引出主题职业生涯规划的过程——自我认知、职业认知、生涯决策与生涯管理！你只有对自己有足够的了解（仔细观察线索碎片图），对目标有大概的定位（将要拼成的图案，找齐所有的碎片），才能开始拼图，并且运用各种方法确保能够实现目标（完成拼图）。

设计意图：让学生尽快进入学习主题，通过游戏明确职业生涯规划的过程及重要性。

活动二：认识职业生涯

教师过渡：离开校园，走到社会，我们将面对一个全新的世界，我们将扮演一个全新的角色——职业人。职业，不仅是未来生活的基础，也是个人价值和社会价值的载体。说说你知道的职业？对这些职业有什么了解？写下你曾经思考过未来可能从事的职业。

设计意图：让学生写下之前预想的职业，与下一个环节兴趣测试的职业作比较，是否符合自己的兴趣爱好的职业。

活动三：探索自己的职业兴趣：选择你想一辈子生活的海岛

老师过渡及提问：这里有6个不同的海岛，自然环境都很优美，但是人文环境各有特点，你想去哪个海岛生活呢？什么样的海岛适合长期生活？应该要选择喜欢的，而且是持续喜欢的。如果仅凭自己的感觉选海岛太过草率，我们可以通过科学的测试进行兴趣测试，更加了解自我，才能做出正确的选择。请完成"霍兰德职业兴趣岛测试"。

学生完成职业测评，统计结果，得出自己的兴趣选项。

老师过渡：根据测试结果，统计选项中喜欢的活动分数最高的则是你的兴趣，适合你居住的海岛，里面还有适合你的职业。根据自己的测试结果，重新进行分组，去到对应的海岛入住。

学生根据自己的测评结果，重新分组，跟自己一样兴趣的同学围坐在一起。

设计意图：通过测试，让学生明确自己的兴趣爱好，找到相同兴趣爱好的同学围坐，为下个环节探讨兴趣与职业作铺垫。

活动四：岛民大会：跟共同兴趣的同学讨论自己的职业规划

教师指导各个小组的学生，根据提供的材料，开展岛民会议，会议内容如下：

（1）选举一名岛主。

（2）跟岛民一起认识自己的兴趣特征，典型专业，有什么对应的职业？

（3）你觉得这个测试符合你心里的预想职业吗？如果不符合，你的预想职业是什么，你会继续留在这个海岛吗？为什么？

（4）岛主统计发言：①测试结果和心理预想职业相符的岛民人数。②你的岛民分别选了什么职业？

小组派"岛主"回答本小组同学的职业倾向与自己兴趣是否一致，如果一致，已经有哪个明确的职业选择，如果不一致，是坚持兴趣还是选择坚持其他的因素？

教师总结：在选择职业方面，兴趣是其中的一个考虑因素，除了兴趣，我们还应该要考虑性格、能力、职业前景等更多的因素综合决策，选择一个最适合的职业。

设计意图：通过同兴趣的同学探讨职业，对比之前的预想职业，明确探讨职业生涯规划考虑的因素有很多，兴趣是其中一方面。

活动五：课后作业

综合考虑，写一份自己的中短期职业生涯规划。

【课后反思】

本节班会课总目标是通过职业生涯规划班会课的学习，大部分学生能明确个人未来的切实可行的奋斗目标。每一个人都知道自己适合做什么，应该做什么，以及怎样实现自己的目标，自我定位，规划人生。职业生涯规划增强了他们发展的目的性与计划性，提高了成功的机会。

体验式班会课以情景活动形式，让学生为主体参与其中，在体验中学习、反思、感悟、内化。通过多种情景活动穿插，打破沉闷的传统班会课氛围，激发学生的探究热情，让学生在分享交流中得到深厚感悟，思想碰撞，到达班会课感化、教育的目的。

1. 游戏体验，感悟生涯

游戏体验式法，是以游戏的形式教学，让学生在生动活泼的气氛中，在欢乐愉快的活动中，在激烈的竞赛中，在兴奋和刺激中，不知不觉地学到教材中的知识内容，并对该知识内容有所体验有所领悟，达到教学目的。在教育家杜威看来，教学中渗透着游戏，借助游戏达到"教育意义的生长"。我国教育家胡叔异曾指出"儿童喜欢做的事情，莫过于游戏"。生涯规划对于十五六岁的高一学生来说过于深奥，通过游戏的形式，让学生更为生动体验感悟生涯规划的过程及对最后取得人生成功的重要性。

主题班会课《认识兴趣，探索生涯》中的活动1是课前拼图小游戏，通过拼图游戏类比人生职业生涯。拼图的过程：游戏中拿到碎片，仔细观察线索碎片图，将要拼成的图案，找齐所有的碎片，开始拼图，最后拼图完成。而职业生涯过程则是：自我认知、职业认知、生涯决策与生涯管理。通过参与游戏，学生能带着好奇心和想象力不断大胆尝试，积极寻求有效的问题解决方法，学生从中获得成就感，用游戏引导学生思考得出生涯规划的感悟，达到教育的目的。在拼图的过程中，有的小组迅速拼图完成，是因为他们看到拼图的其中一个碎片时，在脑中就已经有了完整的图像，能迅速把碎片拼凑完成图，如广州塔的拼图，很容易看出是"小蛮腰"，就可以按照"小蛮腰"的样子拼出图片。

2. 职业测试，认识自我

霍兰德职业兴趣自测（Self-Directed Search）是由美国职业指导专家霍兰德（John Holland）根据他本人大量的职业咨询经验及其职业类型理论编制的测评工具。霍兰德认为，个人职业兴趣特性与职业之间应有一种内在的对应关系。根据兴趣的不同，人格可分为研究型（I）、艺术型（A）、社会型（S）、企业型（E）、传统型（C）、现实型（R）六个维度，每个人的性格都是这六个维度的不同程度组合。霍兰德的职业兴趣理论主要从兴趣的角度出发来探索职业指导的问题。他明确提出了职业兴趣的人格观，使人们对职业兴趣的认识有了质的变化。

职业兴趣是职业选择中最重要的因素，是一种强大的精神力量。职业兴趣测验可以帮助个体明确自己的主观性方向，从而能得到最适宜的活动情境并给予最大的能力投入。根据霍兰德的理论，个体的职业兴趣可以影响其对职业的满意程度。当个体所从事的职业和他的职业兴趣类型匹配时，个体的潜在能力可以得到最彻底地发挥，工作业绩也更加显著。

主题班会课《认识兴趣，探索生涯》中的活动3设计了让学生进行职业兴趣测试。在职业兴趣测试的帮助下，缺乏职业经验的中学生可以清晰地了解自己的职业兴趣类型和在职业选择中的主观倾向，从而在纷繁的职业门类中找寻到最适合自己的职业，避免职业选择、专业选择中的盲目行为。

3. 创设情境，共同探究

教学情境是指在课堂教学环境中，作用于学生而引起积极学习情感反应的教学过程。它可以综合利用多种教学手段通过外显的教学活动形式，营造一种学习氛围，使学生形成良好的求知心理，参与对所学知识的探索、发现和认识过程。

主题班会课《认识兴趣，探索生涯》中的活动4创设情景"兴趣海岛"，每位学生是"岛民"，具有相同的兴趣爱好住在一个海岛上长期生活，营造了一种相同兴趣的氛围，使学生更积极去参与职业兴趣的发现、认识和探索的过程。

按照相同兴趣重新分小组，班会课环节形式多样，课堂不会变得沉闷，同时学生之间发现彼此相同兴趣，更加激发学生职业兴趣探讨的兴趣，参与讨论，使得小组讨论的氛围更为活跃。在活动中，教师作为主导，指导讨论的主题、内容，学生作为主体，在相互探讨的过程中了解彼此的兴趣，并探讨彼此的职业规划，分析理想和兴趣，最后达到教育的目的。

总之，体验式班会课的实践研究让我们认识到，只有根据学生的发展需要，创设适合他们的教育方式，才能让学生接受并得到更深的感悟，才能让我们的德育成效更显著。

开展研究性学习

【教育思考】

教育是为社会培养人才的有力保障，教育在这个国际化、多元化的知识经济时代里备受瞩目。为了推进素质教育，培养学生的创新精神，教育部提出了在全国普通高中实施研究性学习，并要求给予充分的重视。研究性学习是基础教育新课程体系中"综合实践活动"的有机组成部分，普通高中开设研究性学习活动新课程的目标是培养学生独立的、持续探究的兴趣；使学生获得丰富的参与研究、社会实践与社区服务的体验；提高学生发现问题、提出问题和分析问题的能力；使学生掌握基本的实践与服务技能。也是培养学生核心素养的必修课。

【教育过程】

活动一：班会课上开展高中研究性学习方法指导。

活动二：学生自由组合，组建研究小组，指导学生寻找指导老师。

活动三：学生在指导老师的指导下确定研究方向，主要以调研本地区社会经济现象为主。

活动四：草拟课题研究方案并交给指导老师审阅。

活动五：收集活动成果并交给指导老师批改。

活动六：班级评比，级组组织评奖大会。

优秀案例1：

留花都一片净水

——关于花都区水库现状的调查

补充调查人员：李翼飞、胡湘璇、叶嘉明、曾德平、邱宏浩、侯心好、汤荣达、谭海华。

指导老师：邵秀珠。

一、调查前提

改革开放二十多年来，中国社会发生了翻天覆地的变化，人们的生活水平大大地提高了。然而，曾经碧绿清澈的湖水，如今只见浊浪翻滚；曾经数目葱苍的山头，现在已是面目全非。"经济上去了，环境下来了"为了探个究竟，我们课题组在花都区内展开了对水库现状的调查、研究以及学习。

调查一开始，我们对花都区水库情况的认识模糊，误致我们把调查目的定成了"还花都一方绿水"；而在紧接着的实地考察中，我们看到了花都区颇具代表性的几个水库的水质、环境等问题并不严重，我们也认识到花都区的水库资源并非想象中的那么差：花都区水库资源总体状况良好，经开发使用后，都基本发挥了它们各自应有的作用。所以，探讨花都区水库资源的可持续发展，重点在"留花都一片净水"中的"留"，而不是"还花都一方绿水"中的"还"！

二、水库现状介绍

下面，让我们沿着考察路线的主干道——山前旅游大道，一起来看看花都区的几个大中型水库（广州市花都区旅游交通图）：

图1　洪秀全水库

花都区有大小水库17个，我们的第一站，是靠新华镇城区最近、以供城市饮用水为主要功能的洪秀全水库。

洪秀全水库位于花都区中部，是花都区的主要水体之一，也是区内地面饮用水水源之一。在考察过程中，我们还从水库管理监测站那儿了解到这样的一组数据：

表1　洪秀全水库容量表

总库容（万立方米）	正常库容（万立方米）	集雨面积（平方公里）
551	429	21

虽然洪秀全水库以其规模列作小（一）型水库（水库规模划分）但它对周边地区人民生产、生活（尤其是工、商业比较集中的新华镇、狮岭镇）影响很大。

洪秀全水库开发得比较早，现已开发完毕。水库边建有蒙地卡罗山庄（内有娱乐设施、建筑群），而正因为如此，我们在考察中见到，水库附近垃圾成堆，污染了水源，更导致了水体的富营养化，水库水的颜色呈灰黑色，同时我们在水库边还发现成片水浮莲。

图2　水浮莲

小资料

　　水浮莲是由于人们的忽视而给环境带来巨大伤害的典型代表。七十年代，人们把它当作家畜的饲料养殖，由于它的口味极差，过了一段时间，连猪都不吃，人们弃之不取。由于水浮莲的繁殖能力极强，现在已经成了恶性杂草，成为我国大多数水体的心腹之患。

为此，我们抽取了洪秀全水库的水样进行化验，得出如下结果：

表2 洪秀全水库水样化验结果表

测试项目 标准值 水库名称	pH值	CoD_{cr}	BoD_5	NH_3^-N
洪秀全水库	6-9	≤15	≤3	≤0.5
实测值	7.30	<10	2	0.6

根据《地面水环境质量标准GB3838-88》Ⅱ类标准，洪秀全水库除氨氮（NH_3-N）一项指标外，其余四项均达标。也就是说，洪秀全水库看上去污染严重，而实际上只受到了轻度污染。因此，政府有关部门针对原因——诸如我们所发现的周围居民生活垃圾、污水的不合理排放，以及水库源头工厂污水排放造成的污染等抓紧时间采取有效的"留"的相关措施。

洪秀全水库是属于供水饮用方面的水库，而花都区其余的水库则大多用于农业方面，如我们考察过的九湾潭水库、三坑水库、福源水库、集益水库、芙蓉嶂水库。

接下来以同样开发完毕而水质、环境情况最好的九湾潭水库与洪秀全水库作个比较。

图3 九湾潭水库

九湾潭水库（又名九龙潭水库）位于花都区的东北部，1964年动工兴建，1965年竣工，库区四面环山，属低山丘陵区，植被良好，绿化环境优美。水库为一百年一遇设计的，多年调节水库。属于农用灌溉水库，水质以《地面水环境质量标准GB3838-88》Ⅳ类标准值作为水环境目标。灌溉北兴镇、花侨镇、花东镇、花山镇农田5.4万亩以及工农业生产、生活用水。现已建成环境优雅、风光秀丽、集灌溉、防洪、发电、供水、旅游、度假于一身的多功能、多年调节水库。从功能上说，它比洪秀全水库综合化利用程度更高；从规模上比较，我们可以了解这样一组数据：

表3　九湾潭水库容量

集雨面积 （平方公里）	总库容 （万立方米）	设计正常库容 （万立方米）	死库容 （万立方米）
42	4292	4283	300

所以它又是花都区现有规模最大的中型水库。

在九湾潭水库周边，建有"九龙潭水上乐园"、金马房地产开发的度假村等娱乐设施和建筑。在这一点上，它与洪秀全水库一样，都存在被房地产商开发的现象，但从水样抽验的数据中我们可以看到，九湾潭水库水质依然良好，没有受到严重污染，至少五项数据都符合《地面水环境质量标准GB3838-88》Ⅳ类标准。可见，同样会存在于九湾潭水库的生活垃圾堆放、生活污水排放等问题都得到了科学的处理，而且植被的大面积保留也是开发者的明智之举，他们使得"留"一方净水的工作做得比其余水库都好，洪秀全水库更是远远不及。也正由于此，九湾潭水库被评为"水库管理一级水库"，是花都区重要的示范性水库。

图4　九龙潭度假村

图5　水库一角

表4　九湾潭水库水质监测表

测试项目 标准值 水库名称	pH值	CoD_{cr}	BoD_5	NH_3^-N
九湾潭水库	6-9	≤30	≤6	≤1.5
实测值	7.52	<14.0	2.00	0.15

　　这两个水库可谓花都区已开发水库中的两极代表。那么正在开发的呢？一起来看：芙蓉嶂水库！

　　芙蓉嶂水库，它是花都区重要的饮用水补给水源之一，但是我们发现它在开发房地产的过程中有严重的"移山""毁林"等现象，这对它的水质能不造成影响吗？青翠的丘陵被"剃"成了"秃岭"，除了能带来经济利益等"好处"外，就没有"恶果"吗？水土在悄悄地流失、水位在渐渐地降低……

图6　芙蓉嶂水库周边房地产施工现场

生态破坏是显而易见的了，那么环境污染呢？芙蓉嶂水库四周环绕着的就是花都区重点发展的旅游胜地——芙蓉嶂度假村。依山傍水，为它引来了许多中外游客，也吸引了许多酒楼、小吃店、宾馆、杂货店的到来；这说明一点，人类的生活垃圾、污水也来了！环境污染也来了！

图7　芙蓉嶂度假村（1）

图8　芙蓉嶂度假村（2）

生态破坏与环境污染犹如两条毒蛇，以不易察觉的惊人速度同时游向芙蓉嶂水库，游向人类！昨天，山青青、水蓝蓝！今天，山秃了，水低了！明天，山矮了、水黑了！明天的明天……

还有尚处于计划开发中的三坑水库、集益水库：

三坑水库属于中型水库，因水库曾用作鱼塘——每天至少会向水库投放几吨的饲料，导致水质一度非常差。幸好水样抽验结果让我们舒了一口气：五项数据基本符合《地面水环境质量标准GB3838-88》IV类标准！即使有污染也是轻度的。

图9　三坑水库的引水渠

三坑水库主要用作灌溉，其范围包括：瑞岭、上连珠、下连珠、缠江、白石等地区。因而也是一个影响颇大的水库。我们在调查过程中发现，这一个农用灌溉水库水资源利用率很低，原因是它采用的农业灌溉方式较落后，引水渠露天设置，水资源易污染、更易浪费。所以，要"留"住这类水库，解决灌溉方式、设备等的问题尤为重要！

至于集益水库，它是一个小（一）型的水库，目前情况较好，只有附近培正商学院的垃圾、污水造成了一定的污染。

我们在考察过程中，采访了相关的几个水库负责人及一些农民，了解到三坑水库和集益水库已分别被顺德碧桂园、祈福新邨两大房地产公司圈走了周围的山林及部分水域准备开发。

图10 我们正在采访三坑水库的负责人

图11 我们在采访集益水库的负责人

可以预见，不久之后，这两个水库四周那片葱翠的山林又逐渐消失，取而代之的，可能是成片成群的别墅，然后又会不断有垃圾、污水流入水库，水库里的水由蓝变绿、由绿变黑……

为什么要在水库周边开发房地产呢?

首先,是经济利益的驱动。随着人民生活水平的提高,人们(尤其是都市人)有了一定的积蓄,就向往依山傍水、亲近大自然的高级住宅,作为节假日的休闲娱乐之所,房地产看中了这一点,自然而然地就选择了水库周边的山林来开发。

其次,房地产开发有利于提高周围农民的生活水平,带来更多的就业机会,政府当然批准房地产在此开发。接受我们采访的几个农民告诉我们:水库旁建了这些别墅、洋楼,住进去的人总要吃饭的,在这偏僻的山林里,这些"有钱人"只能向农民买粮食、蔬菜,这样农民的米、菜、鱼、水果都能卖上好价钱,能增加收入,生活就能好一点了。从这一立场看,开发房地产对农民来说似乎再好不过了。

然而,当我们问到这些农民"究竟是经济重要,还是环境重要"时,他们显然没看到,洪秀全水库的水质在走下坡路,九湾潭水库拥有秀丽的风景靠的是那重叠的山林而不是水上乐园,芙蓉嶂水库开始每年都会出现缺水问题了……

花都区的水库水资源在以极大的耐心等待我们去"留"下那一片净水,像洪秀全水库、芙蓉嶂水库出现的问题不过是小施惩戒,给我们一点教训罢了。水的报复性是极强的!当我们破坏了母亲河——黄河中上游的植被时,中国出现了一个黄土高原;当我们忽视水库必需的生态环境,为了追逐利益肆意破坏它时,我们会遭到怎样的报复呢?我们号称"蓝天碧水花之都"的花都区会出现几个"黄土高坡"?那些渴望"粮食卖个好价钱"的农民大概只能卖黄沙了!

我们不能等着这一天,不能迎候"留之晚矣,还之不及"的局面。华夏儿女启动了"拯救母亲河"工程,花都区的人民醒悟了吗?为此我们特意进行了一次《关于本区水库水资源》的调查问卷:

问题1:你认为开发了水库周围的土地,对水库有造成污染吗?( )

A.有污染　　　　B.没有污染　　　　C.不知道

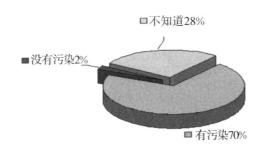

问题2：你认为目前中国水资源状况怎么样？（　　）

A. 良好　　　　　B. 一般　　　　　C. 严峻　　　　　D. 不知道

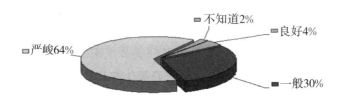

综合以上数据，我们可以知道在50个居民中，只有一个人认为开发水库周边地区不会对水库造成污染，而74%的居民认为开发水库周边地区会对水库造成污染，说明居民已经有了一定的环保意识；从问题2中我们也可以发现，有64%的居民认为中国的水资源形势严峻。上述数据可以反映出，大部分居民对我区目前的水库水资源状况有一定程度的了解，特别是对于水污染和经济发展问题，大部分居民还颇有自己的独特见解。

既然大部分居民都认为开发水库的周边地区会对水库造成污染，那么对于在水库旁修建别墅等现象，他们又有什么看法呢？下面，我们来探讨这个问题：

问题3：目前越来越多的房地产投资商将眼光放在水库附近的土地，开发了水库周边的土地，带来了一定的经济效益。你认为这是否是以环境作为代价的发展经济？

A. 是　　　　　　　B. 不是

C. 不知道　　　　　D. 只要保护的好，就不会破坏生态环境

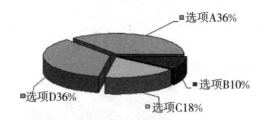

　　从以上数据中，我们发现选择A和选择D的人数相当，而选择B的也占了10%，同时还有18%的人是不清楚这是否以环境为代价的经济发展。就选择A和选择D的人数相等这个问题，我们访问了水库的相关负责人，他们都表明了这样的一个观点：只要有人类生存的地方，就会有污染。"只要保护的好，就不会破坏生态环境"这种说法是不科学的。无数的事实已证明"先污染破坏，后治理"的做法是错误的观点。

　　环境是我们赖以生存的基础，环境破坏容易恢复难。我们要保护好我们的环境，不要等到环境来报复人类了才进行补救，那样只是徒劳。

　　三、对策

　　应该怎样"留"花都一片净水呢？我们小组经过讨论，总结出以下几点看法和建议仅供参考：

　　（1）人们的意识是占主导地位的，所以，政府部门要对市民（尤其是居住开发地区的人们）进行专题性质的宣传教育，增强人们的环境意识，要强调科学、合理地处理垃圾，不乱丢乱弃等，使保护美化环境成为人们的自觉行动。在将来，当大量的房地产投入使用，居住的居民逐渐增多时，宣传环保的工作更不容忽视。

　　（2）引进先进的农业灌溉设备，如逐渐使用喷灌方式灌溉农田，科学地节约水、保护水，此可谓"留"之道也！

　　（3）政府要责令房地产开发商，就要对开发的后果负相关责任。换言之，政府必须根据相关的法律法规，严格要求房地产在开发时对水库水资源采取必要的保护措施；同时，政府应组织专门机构，监督开发过程中排污设施等是否建设得科学、合理、严密！相关的政策、措施要有前瞻性，做好防微杜渐的工作，切实保障水库的水资源不受污染。

　　（4）制定严厉的法规，并严格执行国家有关的法律规定，对污染、破坏水库水源的开发商、企业、公民个人进行严厉的惩罚。环境是我们的生命，假如没有这些房地产、甚至没有现代工业，我们一样可以生存，但如果没有环境，那么我们也就没有生存的空间了。因此，我们不能以牺牲环境为代价换取经济一时的发展。

花都是我家，保护靠大家。让我们用双手为花都挽"留"一片净水、一片生机！

四、组员心得

胡湘璇：

我，作为研究报告的起稿者，现在回过头来看看我们这一次的研究性学习，真的是感慨万千！尤其是这篇研究报告，几易其稿，经过指导老师多番细心地批阅，组员们多次的研究讨论和修改，最终脱稿成文，我只能用三个字来形容——不容易！

的确，从最初起稿时，那充斥全篇的空谈大道理，到再次成稿时出现了材料零散、中心混乱的问题，然后我们又几度修改，甚至从头写起……直到最后完成了这份占了整整九页四百字原稿纸的研究报告。可以说，我们是"从幼稚走向成熟"，并且最终得到了指导老师的肯定！我从指导老师手中拿回报告原稿时的心情，是不能用"轻松""激动"这样简单的字眼来描述的！

起稿研究性报告的工作是由我负责的，那是我们课题组所有成员将近一年的研究学习所得的成果的总结报告，而我也坚信，我写的这份报告已凝聚了所有组员的心血，它即使不是最好的，也是一份足以令人满意的"答卷"！

邱宏浩：

参加研究性活动，我学到了很多不能在书上学到的知识。学会了细心观察，深入思考；学会了分工与合作。可谓受益良多。

外出考查时，我学会了细心观察。考查每一个水库，我都仔细地观察那里的山、水、草、木。观察水面漂浮物的数量及水色的浓淡，可以粗略地估计水质的好坏，从而得出水质的污染程度。观察山的构造特点，可以估计山的开发情况以及对水库的影响。观察水库周围的花草树木，可以估计空气污染程度。

把观察到的一切进行深入的思考，加深对事物的认知和了解。就这样，我学会了观察与思考。

总结课题时，组员各执一笔，努力完成个人任务，这是分工，为着同一个目标而分工，这是合作，我参与了分工与合作，也学会了分工与合作。

参加这项活动，我最大的体会是：结果并不是最重要的，过程才是，因为收获全在过程里面。

组长：李翼飞

一开始接触研究性学习，我既感到十分新鲜，但是又是第一次做，就显得有些不知所措。全组一共有8人，安排工作可不是件容易的事情，这可是考验我的时候，我只有通过开小组会议，与组员们进行协商，将工作细分到每个小分组，并要不时地督促个别组员，只有这样才能继续研究。

有时候我们因为对客观条件的了解不足，致使调查过程出现了许多困难，比如有一次我们其中一个负责采访的小分队到政府部门进行采访，因为没有找到其具体位置而浪费了一节课的时间。还有几次因为没有进行事前预约而被人拒之于门外……

这次研究性学习的调查工作由我们的指导教师邵老师亲自带队，亲力亲为带领我们进行实地考察，指导整个研究学习的过程，期间，研究报告几次易稿，反复修改，累积了老师和组员的不少心血。同时，这次研究性调查工作也得到了我爸爸的大力支持，亲自开车，载我们走访了近10个水库。可以说，这份研究报告是我们所有参与的人员共同劳动的结晶。

研究性学习虽然已经结束，但我认为在此过程中我们学到了很多东西，积累了一定的社会经验，是一次难忘的经历！我们会倍加珍惜这份劳动的收获！

曾德平：

活动酝酿时，大家既兴奋又有点胆怯，害怕招致白眼。而在走访过程中，我们克服道路交通的障碍（某些水库、政府部门不知怎么到达），还有知识障碍（水样分析报告中的化学专有名词等）。在考察水库期间，我们一个一个水库挨着跑，一个一个问题激烈地讨论，在收集资料的过程中发扬新时代愚公移山精神，不怕麻烦，克服种种困难，学会了研究的方法，提高了社会活动的能力。

侯心好：

能够参加这次活动，我很高兴。在这次行动中，我学到了很多，也经历了不少，其中有些事情比较难忘：

每到一个水库，我们都要选择一处与我们课题相关的地方进行拍照，但是并非处处都是顺利的，当我们在芙蓉水库旁边拍摄的时候就遭到了阻拦，但是经过我们一番努力后，也都取得了比较有价值的照片。

我们要了解该水库的相关资料，就须到水库管理处访问相关的工作人员。我们的行动并非一帆风顺，甚至还被个别水库负责人下逐客令，但是这些都不能打磨掉我们的信心，凭借我们的三寸不烂之舌和一股干劲，还是得到了很多有用的资料。例如水库的基本信息、被开发情况等。

叶嘉明、谭海华、汤荣达：

我们是以小分组形式行动的。组长要求我们负责《关于本区水库水资源》的调查问卷的调查与统计工作。一开始我们按着组长给的方向讨论了几次，但是意见分歧比较大，最终也没有什么结果。所以我们先理顺思路，围绕着既定的方向，然后每人出几道问题，总结在一起，再进行修改讨论，最后这份调查问卷就整理出来了，紧接着就是上街进行对居民民意的调查了。

这工作我们从来都没有试过，事前我们都进行了心理准备，因为什么人都有，有的比较合作，有的对此十分冷漠，还有的人给予白眼……但是这一切都不能阻碍我们继续工作。最后我们也完成了50份的调查问卷，得出了最终结果，我们以能够为组出一份力而感到高兴，同时我们也学到了不少东西，而这是学校学不到的。

本报告部分内容参考目录：

《中华人民共和国国家标准地面水环境质量标准》UDC624.7（083.75）GB3838-88代替GB3838-83 Environmental quality standard for surface water

感谢单位：

（1）花都区环保局。

（2）花都区国土资源和房屋管理局。

（3）广州市花都区洪秀全水库工程管理处。

（4）广州市花都区九湾潭水库工程管理处。

（5）广州市花都区集益水库工程管理处。

（6）广州市花都区三坑水库工程管理处。

（7）广州市花都区芙蓉嶂水库工程管理处。

附：

水库规模划分

水库是指在山沟或河流的狭口处建造拦河坝形成的人工湖泊。水库建成后，可起防洪、蓄水灌溉、供水、发电、养鱼等作用。有时天然湖泊也称为水库（天然水库）。水库规模通常按库容大小划分。水库规模类型划分如下：

表5　水库规模类型表

水库	类型	总库容
小型水库	小（二）型	10—100万立方米
	小（一）型	100—1000万立方米
中型水库	/	1000万立方米–1亿立方米
大型水库	大（二）型	1—10亿立方米
	大（一）型	大于10亿立方米

（注：总库容小于10万立方米时称为塘坝。）

表6　各水库规模数据表

水库名称	集雨面积（平方公里）	正常容量（万立方米）
九湾潭水库	42	4292
三坑水库	19.68	2200
福源水库	16	1130
洪秀全水库	21	429
集益水库	21	148.9

关于本区水库水资源的调查问卷

一、选择题（在你认为正确的那一项的"□"中写"√"）

1.你会经常到水库附近的度假山庄玩吗？

□经常　　　　□有时　　　　□很少　　　　□没有

2.如果你有条件，你是否考虑会在水库附近买房子？

□会　　　　□不会　　　　□再考虑

3. 现在很多水库周边被开发了房地产、水上娱乐设施等，对此做法你赞成吗？

□赞成　　　　　　□不赞成　　　　　　□不知道

4. 你认为开发了水库周边的土地，对水库有造成污染吗？

□有污染　　　　　　□没有污染　　　　　　□不知道

5. 你是否认为在水库附近开发房地产是利大于弊？

□是　　　　　　□不是　　　　　　□不知道

6. 目前越来越多的房地产投资商将眼光放在水库附近的土地，开发了水库周边的土地，带来了一定的经济效益。你认为这是否是以环境作为代价的发展经济？

□是　　　　　　□不是

□不知道　　　　　　□只要保护得当，就不会破坏生态环境

7. 前一段时间，新华镇城区居民饮用水经常出现缺水现象，对此你认为除了天旱外还与供水水库的开发利用有关吗？

□有一定关系　　　□可能有关系　　　□没有关系　　　□不知道

8. 你认为目前中国水资源状况是怎样的？

□良好　　　　　　□一般　　　　　　□严峻　　　　　　□不知道

二、不定项选择题

1. 你知道目前新华镇居民的饮用水是由哪一个水库提供的吗？（　　　）

A.洪秀全水库　　　　　　B.福源水库

C.芙蓉嶂水库　　　　　　D.三坑水库

E.伯公坳水库　　　　　　F.九湾潭水库

2.确切地说，你所知道的造成水库污染的原因有哪些？（　　　）

A. 水库附近居民生活污水　　　　B. 水库附近房地产、娱乐设施的开发

C. 水库保护措施不足　　　　　　D. 水库的旅游资源的开发

3.保护好我们的环境，还花都一方净水，你认为以下哪些措施可以改善水库的环境问题？（　　　）

A. 提高居民的环保意识

B. 生活污水净化后再排放

C. 严格管理水库附近的土地开发

D. 加强环境的保护力度和使水库周边地区的规划建设合理化

谢谢您的合作！

优秀案例2：

关于在校学生交通安全意识的分析及对策研究

补充调查人员：黄培鑫、沈兰斯、黄韵捷、尹日龙、张丽燕。

指导教师：邵秀珠。

每年的四月七日是"世界卫生日"，今年的主题是"道路安全"，并提出了"道路安全，防患未然"的口号。俗话说"车祸猛于虎"，交通事故经常发生在你我身边。据报道：我国交通事故死亡率多年高居世界第一，交通事故的数量加速增加，交通死亡人数加速增长，每天死亡约三百人，相当于每天有一架民航客机失事，交通安全形势十分严峻。

调查显示，2003年广州市共发生道路交通事故11565宗，死亡1718人，受伤13492人。其中涉及中小学生的事故占有一定比例，而且主要是由于违反交通法规所造成的。

而在我们的花都区，2003年共发生交通事故715宗，死亡140人，受伤928人，共造成直接经济损失180万元，而当中涉及学生的交通事故就有8宗，伤8人。

在2004年的2月27日，就发生了一起涉及两名学生的重大交通事故：当天，何某驾驶一辆小货车沿着G106国道由北往南驶至梯面镇五联村路段时，由于司机在车内驱赶蚊子，而疏忽了路面情况，一瞬间，小货车撞上了前面两名并排骑车的中学生，造成一死一伤的悲剧。诚然，何某的大意是这起交通事故的罪魁祸首，但我们也应该看到，这两名学生在本来就不宽的混合车道上并排骑车，埋下了事故的祸根。如果他们的交通安全意识强一点，不并排骑车或是司机何某谨慎一点，也许就不会造成这起悲剧。（附有梯面"2.27"事故图片，见图12）

图12　梯面事故

　　以上数据、案例告诉我们：我国道路安全形势异常严峻，而在校学生的交通违章行为须引起我们的重视，交通安全意识也仍有待提高。

　　为什么交通事故尤其是中小学生的交通违章造成的交通事故时有发生呢？他们交通违规的心理状况又是怎样的呢？为了进一步了解这一情况，我们做了详细的调查研究。调查显示，不同的主体，在不同的情况下，交通违规的心理因素都不同。我们主要调查分析了步行上学和骑车上学这两类学生交通违规的表现及心理状况。

　　一、行人不良的心理品质导致违规的交通行为而引发交通事故

　　步行是中学生的主要交通方式之一。现今，学生交通违章行为屡屡可见。行人违章包括：横穿马路，过马路不走斑马线；闯红灯；穿越、倚坐人行道、车行道护栏；在路上玩滑板、滑旱冰以及在路上嬉戏打闹等有害交通安全的活动。（见图13）

图13　行人学生部分违章图

据新颁布的《道路交通安全法》第62条规定：行人通过路口或者横过道路，应当走人行横道或者过街设施；通过有交通信号灯的人行横道，应当按照交通信号灯指示通行；通过没有交通信号灯、人行横道的路口，或者在没有过街设施的路段横过道路时，应当在确认安全后通过。

我们对100多名在校学生进行了交通安全意识的问卷调查，其中有接近39%的学生有过马路不走斑马线，乱穿马路的不文明交通行为；有24%的学生有闯红灯的不良行为。（见图14）

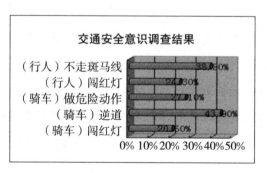

图14　学生交通安全意识统计图

（为了了解在校学生交通安全意识现状，我们研究小组就近抽取了邝中的初三（4）班，并在校内随机抽取了42名学生，共计107人进行了问卷调查。）

一个人的心理思想品质决定了一个人的行为，我们说正确的认识导致正确的行为，错误的认识会导致错误行为的发生。学生们之所以有这些不良违规行为是由于他们在过马路时的交通心理不同。其具体表现如下：

第一：就近、方便、图快的心理。学生爱走捷径、为数众多的学生过街时不使用人行横道，随意过马路。其原因不外乎不想绕道，或匆忙赶路、以为车少，没关系等。结果因学生横穿道路所造成的交通事故时有发生，约占事故总数的3%左右，是行人所有违章肇事中最为严重的一种。

第二：着急不耐烦心理。据测试，学生在人行横道附近或交叉路口想横穿道路，若在人行横道附近等20～25秒时仍不能通过，就表现出急躁不安情绪，有60%以上会在行驶的车辆临近的间隙中匆忙通过道路。与此同时，司机也可能想抢在红灯前穿过马路，在双方都抢道的情况下，也就极易引发交通事故。

第三："对方会让我"的心理。学生虽然是交通道路上的弱势群体，但一些人在道路中行走，横穿公路、穿越人行横道时，持无所谓态度、认为车辆"不敢撞我"，"会让我"，这种想法导致学生麻痹大意，不留意有没有汽车飞速到来而引发惨剧。

第四：侥幸心理。有的学生明知自己的行为违反交通法规，危险性很大，但总是抱着侥幸心理，寄希望于某种偶然的时机，以达到目的。结果往往事与愿违。

第五：结伙行进心理。学生喜欢三五人一伙，七八人一群，在马路上边走边说笑，甚至相互追逐。一不小心就容易引发惨剧。

第六：习惯性心理。据观察，大多数学生在横穿公路时习惯看一个方向的来车，不习惯察看另一个方向的车辆行驶情况，以为过了道路的左边也就可以直接穿越右边道路，或者是横穿到中心线附近，发现来车就突然小跑起来。这与机动车驾驶员在车辆行驶中集中注意正前方情况，而较少注意左右路面动态相矛盾。突发性事件，是机动车驾驶司机无法预计的，因而也极易发生交通事故。

综合以上对学生交通心理分析可得出以下结论：侥幸心理、不耐烦心理、不良习惯心理等不同的心理特征是引发中学生交通安全事故发生的根源。而这些不良的心理品质又综合地体现了中学生缺乏生活经验，不懂交通规则，缺少交通安全常识。这就迫切需要采取措施进行宣传、教育、引导，保证广大青少年健康成长。

二、骑车学生不良的行为意识引发交通事故的发生

除行走外，骑车便是中小学生另一主要交通工具。而学生骑车违章又是一大问题。骑车违章包括：闯红灯，逆向行车，并排行车，做危险动作，骑车搭人，与机动车抢道等。（见图15，16，17，18）。

图15　骑车学生部分违章图片（1）

图16　骑车学生部分违章图片（2）

图17　骑车学生部分违章图片（3）

图18　骑车学生部分违章图片（4）

新颁布的《道路交通安全法》第57条规定：非机动车应当在非机动车道行驶；在没有非机动车道的道路上，应当靠车道的右边行驶。

另外还规定了：行人、乘车人、非机动车驾驶人违反交通安全法律、法规，关于道路通行规定的，警告或者五元以上五十元以下罚款；非机动车驾驶人拒绝接受罚款处罚的，可以扣留其非机动车。

然而，在我们对107名在校学生进行的交通安全意识的问卷调查中发现，有许多的学生无视交通安全法规，调查显示，有近44%的学生有逆道骑车的行为，有约21%的学生有闯红灯的不文明交通行为；另外有27%的学生骑车期间做一些危险动作（如双手离把、曲线竞速等）。

自行车是一种无防护型，不稳定型的交通工具。骑车人整个身体裸露在外，在交通事故中安全系数较低。

学生骑车形态各异，姿态万千，在行进中表现为逢友必并、逢闹必看、逢慢必超、逢物必绕四个特点。

骑车人的心理活动特点与其自身的生理特性、运动心态密切相关，其心理特点主要表现为：

第一：超越心理。骑车人一般都有抢时间，争先恐后的心理。怕迟到误事或想早一点回家而抢时间，争速度。前面自行车稍慢，后面必然会超越。

第二：异常心理。青年人性情冲动，好玩，爱表现，把骑车当作耍杂技，单手扶把或双手离把；或双双比赛，你追我赶，这种异常心理往往诱导出一系列的交通问题。

第三：图快心理。一些骑车学生为了方便、快捷，不惜逆道行车，严重影响正常的交通秩序。

第四：抢占上风头心理。有这种心理的学生，往往表现为骑车双手离把、几车并排行驶、骑"英雄车"等。

第五：侥幸心理。这类学生往往对自己闯红灯这一交通违章行为持无所谓的态度，抱有侥幸心理，认为交警不会找到自己头上来，故屡屡闯红灯。

不同的交通心理表现出不同交通行为。骑车学生，可以说是车道上的弱势群体。若由于忽视交通安全，发生事故而危及生命安全了，这就太不值得了。

"意外，意外，意料之外！"没有人会预料到交通事故会在何时何地发生。梯面"2·27"事故再次向我们广大在校学生敲响了警钟，交通安全知识及意识，须在广大学生中普及、提升。

三、有关部门对以上问题所采取的相应措施

面对在校学生一系列的交通违章行为，交警大队，教育局等相关部门又相应出台了什么措施呢？——《在校学生交通违章记分卡》大家还记得吗？

学生记分卡制度，是于2002年5月1日开始，由交警部门与教育局联合研究出台的，对交通违章城区初中以上学生实施记分制度。具体操作为民警平时执勤，对违章学生要求出示记分卡，并在学生记分卡上做登记，每周汇总并向教育局通报，教育局依据该通报，对学生期末德育考核进行综合评定。交通部门的方案固然是很好，但"雷声大雨点小"，落实情况不尽人意，缺乏透明度，部门间互卸责任，虽然有关部门负责人表示有按规定实施，然而收到的效果却差强人意。学生交通违章行为屡见不鲜，涉及中小学生的交通事故仍时有在发生。

我们是新时代的青少年，肩负着建设祖国的重任，若由于违反交通法规，忽视交通安全而被夺取宝贵生命，这无不令人感到痛心与惋惜。青少年是一个大群体，具有可塑性等特点。青少年的交通安全意识须得到社会各界的关注和重视，我们应重新端正对这个问题的态度，共同出谋划策，搞好学生交通安全问题。

近年来，我省各级公安机关和教育行政部门在开展对中小学生安全宣传教育活动中，存在着不足和薄弱的管理环节：交通安全宣传教育活动缺乏规划，没有建立长效机制，宣传教育形式单一，部分地区，学校的教育工作还停留在上一堂交通安全课，发一份宣传单等低级水平，实际效果欠佳。

学生交通违章，发生交通事故，其根本原因是交通安全法规意识淡薄。在问及到该如何增强学生交通安全意识方面，区交警大队陈总支书介绍道：会与有关部门联合开展创建"交通安全学校"活动，举办图片展览；派民警任校外辅导员，给中小学生上交通安全课，以此形式来对中小学生进行交通安全教育，使广大中小学生牢固地树立交通法规和交通安全意识。另外，还通过"小手拉大手"的活动，通过学生带动家长，通过家庭带动全社会来共同遵守交通法规，共同搞好交通安全。

加强交通安全法规教育，提高学生交通安全素质是一个切实可行的方法。在受访的20名市民中，表示学生交通安全意识一般的为55%，当问及如何解决学生违章行为时，他们不约而同地表示学校必须加强教育，交警必须多加监督，尽职尽责。这一方面也反映出相关部门宣传、教育、惩处力度不够。

现在借此机会向学校交通安全教育这方面提出以下几点建议：

（1）请民警给学生上交通安全课，举办图片展览（每学期一两次）。

（2）与相关部门联合组织开展"当一回小交警"活动。

（3）与有关部门沟通合作，加强实施学生交通违章记分制度。

（4）开展创建"交通安全示范学校"活动。

（5）举办交通安全法规知识竞赛。

（6）评选最佳学生原创交通安全警句。

（7）组织学生观看相关题材的教育片。

（8）以班为单位，评选最佳交通安全宣传主题班会。

归根结底，要搞好学生交通安全问题，须相关部门的共同努力，部门间加强协调与沟通，齐抓共管，综合治理，共同搞好学生交通安全问题。另一方面，学生须自觉遵守交通法规，树立牢固的交通法规和交通意识，珍爱生命，告别不文明的交通行为。

四、交通安全，从我做起

同学们，从现在起，让我们共同努力，告别不文明的交通行为，努力做到以下几点：

（1）不要在机动车道上行走，横过马路要走人行横道，并遵守交通信号灯的规定，不要在没有人行横道的地方横穿马路、翻（钻）越交通隔离设施。

（2）不要在机动车道骑自行车，骑自行车不闯红灯、不越线停车、不突然猛拐、不乱停乱放、横穿有四条车道的马路时要下车推行。

（3）乘车时不要将身体任何部分伸出车外，不准在车行道上招呼出租汽车，下车前先观察后面有无来车。不要乘搭超载的客车或乘搭农用拖拉车。

（4）不要无证驾驶机动车，不要驾驶无号牌的机动车，驾驶和搭乘摩托车的要按要求戴安全头盔、不超载，行驶时不要超越马路中心线。

给广大在校学生的交通安全警句：

（1）交通安全，从我做起。

（2）高高兴兴上学来，平平安安回家去。

（3）让与争一闪念，生与死一瞬间。

（4）人行道车莫占，车行道人莫穿。

（5）遵守交通法，安全你我他。

（6）关爱生命，拒绝违章，平安是福，勿用生命来赶路，遵守规则要牢记。

（7）豆蔻年华请珍惜，遵守规则为自己，莫到事故发生时，悲叹生命难再续。

（8）文明交通守法规，平安出门平安归。

（9）福自安全来，祸从违章生。

【感受与心得】

"研究性学习"，是培养学生创新精神和实践能力的重要课程载体。它是一个开放性的活动课程，使得学生走出校园，走向社会，走向科学，亲身体验实践过程，体验创造，帮助学生形成乐于探究、勤于动手、善于分析和解决问题的积极主动的学习方式，增强学生对社会的责任感，学会与人交流、合作和分享。最终引导学生如何学习、如何做人、如何做事。

"研究性学习"最重要的是参与。每一位成员都积极参与到研究课程当中，体验这一实践过程，体验课程改革的优越与创新。那么，你从中定会受益匪浅。

对于那些为了"研究"而"研究"的同学，采取"顺手牵羊"、"改头换面"、搞"个人主义"等手段方式，来获得好评，也许当中不乏佳作，但可以说一句：你们浪费了一次"自我增值"的机会，丢弃了"研究性学习"的目的及意义。

关于我们的研究性课程，总结概括为以下三大点：

1. 采访是整个研究性课题的重要一环

由计划到实践是两个截然不同的步骤。有了计划，没有落实，这只会是纸上谈兵。一开始，我们对交警大队的所在地、联系方式、采访对象这些方面都没有底。后经一番周折，我们找到了交警大队所在地，并获得了联系电话。我们成功与交警大队的负责人取得联系，禀明了来意，定了采访内容、时间，对方也同意接受采访，就这样我们踏出了重要的一步。我们荣幸得到交警大队团总支书记陈伙球同志的接待。整个采访过程在和谐轻松的氛围下进行，彼此互相交换了对这一课题的意见。我们的采访达到了预期目的，获得了许多重要信息，也从中锻炼了胆量，懂得了交谈，受益匪浅。

2. 问卷调查是了解在校学生交通安全意识现状的重要渠道

设计制作调查问卷又是一项具有挑战性的任务。设计这份问卷，要考虑到文字表述的专业化，且要简单而又具代表性，因而我们查阅了相关法律法规，进行了筛选，互相讨论研究，细致斟酌每一条问题，最后得出的效果还令人满意，颇有成就感。

3. 实地观测了解在校学生交通违章情况

我们紧抓学生放学这一黄金时段，对学生交通违章进行分类调查，数据记录。我们是将观察记录学生骑车闯红灯、逆道行车、一车二人以及步行学生乱穿马路这几类交通违章行为作为主要内容。我们前后选取了两个观测地点：一是宝花路与建设路相交的十字路口，该路口是以N中、金华学生这一放学流为主，而另一个地点我们选取了商业大道与花城路相交的路口，这一路口学生放学流量较大，以秀全、新中学生为主。选取这两个路口为观察地点，是因为这两处该时段绝大多数时间下都处于无交警看管的状态，学生违章会更猖獗，较为频繁，所以是最佳地点。为了不重复所记录的数目，更具科学性、可靠性，我们采取了一个人管辖一个流向的交通违章记录的方案，整个过程并非一帆风顺，但最后我们还是成功完成了任务，这全凭小组成员的分工合作、共同努力。在这项任务当中，行动方案起关键性的作用，它使得行动更具效率性、科学性。好的方案是成功的一半，团结协作又是成功的另一半。

新时代的学生不应该是高分低能的，取而代之的将会是会学习、会实践、会做人的新生代接班人。新课程，新课标将会是这一观点的最好的例证。

——黄培鑫

制作Powerpoint这一过程，充满兴奋、好奇、烦闷，搜索相关的素材是最考验人的一关，它是整个制作中耗时最多的，少点耐性也甭想做得好。有时候虽然登录过不少网页，但都找不到想要的。"世上无难事，只怕有心人。"我重整了心态，又继续我的"寻觅旅程"。在一番努力下，最终还是完成了任务，成功的感觉真棒！

——沈兰斯

起初，我只认为摄影好玩、刺激，但后来才发觉其实摄影也有很多学问。拍摄学生交通违章行为，需要很大的勇气，最重要的是眼观四方，把握时机，捕捉好每一个稍纵即逝的镜头。

——黄韵捷

采访市民让我感受最深，它让我尝到了人情冷暖。有的市民见我们朝他们"逼近"，就像避小偷那样躲开我们；然而，有的市民也很合作的，大胆地发表了意见。成功完成了任务，那种喜悦和满足感不言而喻。

——尹日龙

在统计问卷的时候，我感觉到同学们的合作精神很强，大家都很齐心去做好每件事。虽然中途出现了点差错，但在大家的齐心协力下，坚持到底，重新进行了统计，科学地反映了调查情况。

——张丽燕

附：

关于在校学生交通安全意识及交通知识的问卷调查

1. 你是否有按规定靠右手边行车，做到不抢道？（　　）

A. 有　　　　　　　B. 偶尔　　　　　　　C. 否

2. 过马路时，你是否有走斑马线？（　　）

A. 有　　　　　　　B. 偶尔　　　　　　　C. 否

3. 当交通信号灯黄灯亮起时，你是否会过路口？（　　）

A. 不会，立刻刹车　　　　　　　B. 加速通过

C. 看情况而定

4. 当人行道信号灯绿灯闪烁时，你是否会再过马路？（　　）

A. 不会，立刻站住　　　　　　　B. 飞快跑过

C. 看情况而定

5. 当交通信号灯红灯亮起时，你是否会再过路口？（　　）

A. 不会，立刻刹车　　　　　　　B. 照样通过

C. 看情况而定

6. 当人行横道信号灯红灯亮起时，你是否会再过马路？（　　）

A. 不会，立刻站住　　　　　　　B. 照样通过

C. 看情况而定

7. 你是否有试过一车三人？（　　）

A. 偶尔　　　　　　　B. 经常　　　　　　　C. 没有

8. 你是否有在行车途中并排行车？嬉戏打闹？（　　）

A. 偶尔　　　　　　　B. 经常　　　　　　　C. 没有

9. 你是否有在行车途中做些危险动作（行为）？（例如：双手离把、曲形行车、玩特技等）（　　）

A. 偶尔　　　　　　　B. 经常　　　　　　　C. 没有

10. 你知道公民骑自行车的最低年龄是多少吗？（   ）

A. 11岁　　　　　B. 12岁　　　　　C. 16岁

11. 你对交警的执勤工作，满意程度为：（   ）

A. 好　　　　　　B. 一般　　　　　C. 差

12. 你是否有闯过红灯？（   ）

A. 经常　　　　　　　　　　B. 偶尔一两次，只是为了赶时间

C. 没有

13. 当你闯了红灯后，你的心理是：（   ）

A. 这没什么，习以为常　　　　B. 只是为了赶时间，下次不会了

14. 路牌知识知多少：

A. 禁止非动车通行　　　　　　B. 禁止驶入

C. 禁止车辆临时或长时停放　　D. 注意行人

E. 注意危险　　　　　　　　　F. 注意信号灯

开展高中研究性学习的困惑与思考

——以《留花都一方净水》为例

　　将研究性学习列入中学课程计划是我国基础教育改革的重大举措，标志着以培养创新精神和实践能力为重点的素质教育在基础教育中得到全面落实。中小学阶段是学生世界观、人生观形成的关键时期。要引导学生扣好第一粒扣

子，是每位中小学思政教师的神圣职责和光荣使命。而开展好高中研究性课题，就是要培养学生独立的、持续探究的兴趣，使学生获得参与社会研究、参与社会实践与社区服务的积极体验，促进中学生形成良好的三观，培养学生科学态度和科学精神，提升中学生的核心素养。班主任在这一块中可以发挥更多的作用。

一、开展高中研究性学习的意义

将研究性学习列入中学课程计划是我国基础教育改革的重大举措，它标志着以培养创新精神和实践能力为重点的素质教育在基础教育中将得到全面地落实：

1. 培养学生爱国爱乡的情怀

开展研究性学习需要学生走向社会，参与社会实践活动。而本地经济、政治、文化等方面的发展状况为中学生开展研究性学习提供了丰富的资料来源。通过对本地区各类社会现象的调查研究，让同学们可以深入了解本地区的社会万象，增强了学生明辨是非的能力，通过了解家乡，从而萌生热爱家乡的情怀。比如笔者指导的一个研究小组，一开始大家对家乡的环境保护工作感到忧虑，觉得改革开放三十年来，是不是"经济上去了，环境下来了"？为了探个究竟，同学们展开了在花都区内对水库现状的调查研究工作。经过实地考察，发现花都区颇具代表性的几个水库的水质、环境等问题并不严重，决定把"还花都一方绿水"改为《留花都一方净水》。在这个过程中开阔了学生的视野，并让学生关注家乡、热爱和建设家乡的情怀油然而生，社会责任心和使命感迅速增强。

2. 培养学生主动探究的能力

研究性学习一扫"填鸭式"的传统教育模式，将课堂开放到现实的情景中，使学生通过课外开展课题研究，获得亲身体验，逐步形成善于质疑，乐于探究，勤于动手，努力求知的积极态度，激发他们探索、创新的欲望。通过研究性学习，可以帮助学生学会获取信息，学会整理与归纳信息，学会判断和识别有价值的并加以利用。比如：在开展《留花都一方净水》这一课题研究中，研究小组沿着考察路线的主干道——山前旅游大道，调查花都区的几个大中型水库，研究小组考查的第一站，是靠新华镇城区最近、以供城市饮用水为主要功能的洪秀全水库。

洪秀全水库位于花都区中部，是花都区的主要水体之一，也是区内地面饮用水水源之一。在考察过程中，研究小组抽取了洪秀全水库的水样进行化验，根据《地面水环境质量标准GB3838-88》Ⅱ类标准，同学们发现洪秀全水库除氨氮（NH3-N）一项指标外，其余四项均达标。也就是说，洪秀全水库看上去污染严重，而实际上只受到了轻度污染。同学们继续了解考察，发现这一水库受到轻度污染的原因是周围居民生活垃圾、污水的不合理排放，以及水库源头工厂污水排放造成的污染等。收集这些材料后，同学们抓紧时间拟出了采取有效的"留"的相关措施。在这一过程中，同学们走访水库管理人员，采访附近的居民，设计调查问卷，抽取水样送到检测部门等进行检测，然后筛选整理信息，形成研究报告，整个过程是学习、体验、探究的过程，是学生合作学习、是培养严谨、求实的科学态度和不断追求进取精神的过程，是一个提升了中学生核心素养的过程。

3. 促进家校合作

实现"学校、家庭、社会一体化"是教育长期一贯的追求，更是推进素质教育的必然之举。而高中研究性学习是实现这种"一体化"的有效途径，研究性学习的开放性呼唤学校、家庭和社会的共同参与、相互配合，研究性学习很多内容的实施需要借助家庭、社会的资源，社会和家庭可以为研究性学习的实施提供指导力量和研究场所。尤其是一些家长所从事的职业可以帮助同学们提供研究便利，部分家长还可以和自己的孩子共同探讨研究问题，解决疑难问题，有些家长还可以走进学校就学生悬而未决的研究问题开专题讲座等。因此，取得家庭、社会的支持是高中研究工作性学习越做越好的有力支撑。比如我们在开展《留花都一方净水》这一研究性学习时就是由我们研究小组的一位家长开车陪同我们一起走访各个水库的。难怪这位同学在研究感言中提到："这次研究性调查工作也得到了我爸爸的大力支持，亲自开车，载我们走访了近10个水库"。由此可见，家长的支持是开展研究性学习的重要支撑，为同学们开展活动提供精神动力和智力支持。

二、实施高中研究性学习过程中存在的问题

近几年，高中研究性学习出现问题比较多，学习效率也比较低，鲜有好作品出现，究其原因主要有以下几点：

1. 从学生层面来看

一是内驱力不足。刚开题时还是比较热情的，但随着课题的推进，碰到的困难越来越多，兴趣也就逐渐减退了，再加上由于研究性学习没有升学考试要求，做好做坏一个样，做与不做一个样，导致不少同学对开展研究性学习兴趣不大，积极性不高。二是缺乏探究的技能和应用的相关知识。如何开展研究性学习，如何收集材料，如何整理相关信息等缺乏充分的指导。三是缺乏这方面的知识积淀，很多学生不会选题，觉得无从下手，尤其是对身边的本地资源的开发和利用意识不强，结果部分学生为了应付老师，在网上随意下载一篇应付了事，导致撰写的研究报告质量不高，甚至是低下的。

2. 从教师层面来看

指导老师对研究性课题指导的积极性不高，指导不到位。具体表现在：一是个别老师自身的专业素养不高，对怎样指导学生开展研究性学习一知半解，不能为学生提供更好的服务。二是学校对研究性学习的管理工作存在缺漏，对参与研究的教师和学生缺乏适时充分的指引和管理，缺乏完善的评价机制。三是缺乏时间保障，缺乏研究性学习课时和专业教师的强制规定。研究性学习课程国家规定每周3学时，共计15学分，充分显示了对这一课程的重视。但由于缺乏具体的强制操作的规定和切实有力的保障，部分学生和老师都有应付的心理，工作积极性不高。

三、开展高中研究性学习应对的策略

实施高中研究性学习，我们遵循理论研究与教学实践相结合的原则，遵循尊重科学、尊重实践的指导思想，开展积极、富有成效的科学实验研究活动。

1. 完善管理机制

开学之初，学校根据《全日制普通高级中学课程计划（试验修订稿）》和《普通高中"研究性学习"实施指南（试行）》的要求，借鉴其他学校文本，

研究制定了符合学校实际的《高中研究性学习综合实践活动课程实施手册》，阐述了研究性学习的意义、目的和课程目标，规定了课程实施的类型、程序、组织形式，介绍了研究性学习的方法步骤以及评价方式，列出了课程实施中需要使用的表格、文本格式以及参考课题。制定《学校研究生学习管理办法》，学校在每一学年新高一开展这一项工作，由学校组织管理，教研室统筹管理，级组具体安排，任课老师落实具体操作，及时反馈情况，确保每一阶段的工作都能顺利完成。

2. 落实课时学分

研究性学习占15学分，共270课时。这相当于除高三第二学期外每周3课时，每学期按18周计算。但实际上每个学校都没有按照这一规定去做。为保证政策法规的严肃性，可以采用减少教学课时，加强监督检查，充分利用节假日的时间进行调查研究等方式。每周开设1课时的研究性学习课程，有固定的上课时间，确保在时间上给予学生更多的研讨、自评和互评的时间，有利于保证成果的质量水平以及把学分做实，避免流于形式。

3. 培训指导老师

鉴于指导老师在研究性学习方面经验不足，指导作用不明显，为增强针对性，在研究性学习课程的师资培训方面主要采用本校培训形式进行。由学校教研室负责，每月开展一次教师沙龙聚会，由任课老师讲自己的经验、困惑。每学期收集教师的研究论文，参与校评、区评和市评，充分调动学科指导老师的积极性，促进教师在研究性学习方面的专业成长。

4. 完善评价机制

为了更好地鼓励广大师生参与到研究性学习中来，新一学年开始，要求学生对高一年级的研究性作品进行评选，先由班内互评，每班最少选出两份优秀作品，交级组参与，由学校教研室牵头，对14个班的28份左右的优秀作品评比打分，对于用好本地资源进行研究性学习的作品给予特别的奖励，并按10%、20%、30%的比例分别评出一等奖、二等奖和三等奖。把学生获奖的作品在新学期开学的时候制作成PPT，举行研究性学习作品展示会。定期收集学生的优秀作品，汇编成校本课程加以传承。把部分优秀作品上送区或市参评，这样通过小组评价、班内评价、学校评价、区和市参评等多重评价方式，促进教师和学生积极投身到研究性学习中去，从而有效提高研究性学习的质量。

总之，高中研究性学习是一种深层次学习，提倡主动学习和创造性学习，蕴含着一种新的知识观、课程观、教学观和学习观。正如马云所说的：引导孩子，要在体验中认知，在认知中解决，在解决中智慧，在智慧中自信。作为班主任要引导学生让孩子在体验中摆脱重复和机械，成为一个有感情有创造的人，这才是教育的终极目标。只有班主任重视此项工作，学生才会重视，并全情投入这项工作中，才能呈现出更多更好的研究成果。

教育感悟——团结和谐，奋勇向前

高一年级是高中阶段的起始年级，良好品格和良好习惯的培养是德育工作的主要目标，一系列的德育工作的开展，有成功的喜悦也有失败的教训，在高一阶段结束之际，让我们一起分享笔者的一篇关于高一年级班级管理方面的一篇日志，题目是《团结和谐，奋勇向前》。

"千教万教教人求真，千学万学学做真人"是我教学和育人工作上的座右铭。如何真正教会学生做真人、求真知，我一直在摸索中。今年，在贯彻实施学校关于高一级"和"与"志"的中华传统美德教育的德育工作中，我得到了一些启发和感悟："和"与"志"，是相辅相成、相互促进的关系，师生的和谐，使老师的工作做到学生的心坎上，使老师的期望转化为学生的自觉追求；同学之间的和谐、团结，可以促进学生真正为了班级的理想目标而奋斗；班级目标的达成又反过来加深了学生对班级的向心力和归属感，促进同学间和师生间的和谐，二者相生相承。以"和"度"志"，可以成功地建设一个奋发进取的和谐班集体，从而促进纯正的班风和浓厚的学风，是一条实现教人求真和发展学生健全人格及自我管理核心素养的可行之路。

一、奏好"团结"首乐章，唱响"和谐"主旋律，提升自我管理素养

1. 组建精诚合作、强而有力的班干队伍，形成班级的自律素养

通过阅读学生档案和军训几天的观察，我心里初步确定了几个能当班干部的人才，并找其单独谈话，鼓励他们勇于挑起重任、为班做贡献，准备好竞选演讲。但这只是班干部的主心骨，我希望有更多的同学可以以主动的精神和热

情来为同学服务，并从中锻炼提升自己的能力。因此开学后的第一节班会，举行了气氛热烈的班干部竞选活动，再通过全班同学的不记名投票，最终选出有主动精神又受同学认可的人选。具体而合理分工，让每位班干部都感觉到自己的重要性，并非有名无实。在常规工作铺开之后，每隔一周举行一次班干部会议，及时掌握班级近阶段的情况，及时跟进和处理，并征集班干部对班级事务管理的意见，群策群力，使班级向实现自主管理、自主学习的目标迈进。在班干部队伍的建设中，我尤其注重的是班干部之间的团结、协作精神和服务同学意识的培养，在班干部之间多开展拓展训练游戏，培养他们的团队精神和协作能力，因此，我们班里没有出现过班干部管理过程中与同学起冲突或班干部之间闹矛盾的现象，彼此都是很友好融洽的关系，每个班干部开展起工作来都感觉得心应手，较有成就感。这反过来又增强了班干部的自信心和工作热情、积极性，因为和谐，走进了一个良性的循环，班级的团结友善和自律管理素养，均在无形中得到锻炼。

2. 利用形式多样的主题班会渗透育人思想，涵养学生的健全人格素养

我特别重视一周仅此一次的班会课，充分利用那短暂而有四两拨千斤之效的四十分钟进行澄清认识、思想引导、情绪排解、心理疏导、意志激励、目标定位以及感恩、诚信、挫折、理想、惜时等各种主题的教育，使学生学会思考，学会做人，从而学会自主学习，亦使班会成为同学之间凝心聚力的主阵地和奋勇前进的加油站，使班级养成自我发展的素养。下面我列举几次主题班会谈谈班会对营造一个和谐班集体的显著成效和作用。

在第二周，我进行了"团结，宽容，奋进——'和'衷共济，奋勇向前"的主题班会，通过形式多样的关于团结、宽容、奋进的启人故事讨论学习，使学生认识到团结、协作、宽容、赏识、悦纳他人等品质在人际交往中的重要性，认识到"为别人鼓掌的人也是在给自己的生命加油""一个人想要得到人生快乐，就不能只想到自己，而应该为他人着想，因为快乐来自你为别人，别人为你"等为人处世的道理，能以"心底无私天地宽"砥砺自己的待人接物，还确立了班级共同的远大目标——追赶实验班。正如陈锦锋同学所说："我们是一个团结、友爱、互助、充满活力、有冲劲的班集体，我们始终坚持以'2班攀巅，奋勇争先'为共同的目标一直努力着。"

在第三周，我进行了"信任与责任"的主题班会，通过深入浅出的游戏讲明了人要勇于承担责任、大事小事皆显责、除了在犯了错误时勇于认错改错，还要做好自己该做的事情——即尽职，责任就是担当，班级犹如一条船，每个人都要有掌舵的准备等道理。同学们在班会后都表示学会了起码要做到自理、自尊、自爱、自信、自强——对自己负责，还要对家庭负责、对社会与国家负责。

在第四、五、六、七、八周，我进行了"我的课堂我做主""做学习的主人""如何提高学习的效率""良好的学习习惯，成就灿烂的人生""读书，明理，悟人生"的系列主题班会。从读书的意义、学习的内动力、良好的学习习惯、高效的学习效率、科学的学习方法等多个角度给予了学生及时的引导，加上平时对学生的细心观察，及时疏导学生由于环境适应带来的各种问题，让学生尽快地走过从初中到高中新课程的过渡期，较快地以自主性、主动性、严谨性来投入到高中大容量、快节奏、竞争强、紧张而有序的学习生活，他们都反映"团结、和谐、友好、进取是我们集体永恒的主题，在课堂上非常活跃、积极，努力向上，每一个人都热爱这个集体，我爱这个班集体（毕志锋同学）"，为后来取得较好的学习成绩打下了基础。

在第九周，我结合期中考进行了"诚信，成人，成才"的诚信主题班会，通过诚信缺失现象和危害的分析，引导学生思考诚信对个人、企业、社会和国家的价值，明白"人无信不立、业无信不兴、国无信不宁"的道理，树立"守信从我做起，从小事做起，从细节做起，踏实备考，诚实做人"的决心。这些品质，为学生做一个合格的公民，和谐地融入社会打下了人格的基础。在大考中，同学们都能以诚信守纪完成了无人监考的任务，历次考试无一例诚信事故。

在第十一周，我结合家长会中家长反映子女在家不听父母管教、对父母不尊重等现象，开展了"爱在心头口易开——核心素养之'感恩父母、健全人格'活动微课"主题班会。通过《苹果树与男孩》这个令人深思和反省的故事和形式多样的体验活动，让学生回忆与父母的往事、理解父母心、反思爱的天平，真情于言（短信或书信），孝顺于行，以"当我们年轻的时候不懂事，当我们懂事的时候已不再年轻。树欲静而风不止，子欲养而亲不在。世上有些东西可以弥补，但有些东西却永远无法补偿"的寄语，引导学生趁父母健在的时候，多一份关心，尽一份孝心，用行动报答父母的恩情。这节班会，不少学生都流下了或感动，或痛悔，或自责的眼泪。这节课，实现了学生在家里与父母的亲子和谐，他们后阶段学习的动力更强了，抗惰性和挫折的能力更高了。

同学们对父母的感恩之心，也迁延到了对老师、对朋友、对社会的感恩当中。当我看见学生写到的留言，如"每次的班会课您都生动形象地开展，用各种方式凝聚我们的团结力，在失败后鼓励我们不灰心、不气馁。不仅教给我们知识，还引导我们做人。我真心地说：'老师，您辛苦了，谢谢您！'——王嘉铭

您一直带领着二班奋勇前行，总能带领我们团结一心，在众多活动中脱颖而出，时间不长，但却建立起深厚的感情。您的宽容与友爱征服了我们。您对这个大家庭的爱之深，我们感受到了。您的信任与谅解更是我们最大的鼓励。感谢您一直对我们用心的教导。——许俊杰

我知道您的心中一定藏着一个美好的愿望，但这个愿望都是为了我们而出现的。您无私奉献，用您的爱来感动我们，无以为报。——张伯坚

……

这是我始料不及的惊喜。学生的懂事、感恩素养于无声润物中养成，让我找到了对班级源源不断的动力，这不就是"和"带来的美好境界吗？

3. 多与家长沟通和合作，善于与家长形成合力

学生有一半时间是在家里度过的，一个学生在家里学习情况的好坏和动力的高低，在很大程度上决定了他学习成绩的好坏。因此，很有必要密切联系学生家长，向家长多了解学生在家中的表现，让家长也及时了解子女在校的表现和思想动态，共同督促学生认真学习。我充分发挥校讯通、微信群的作用，经常把个别同学的近况以短信的形式告知家长，以及通过电话、邀请家长到校等方式，架起沟通的桥梁，多交流学生的最近表现和存在问题，及时了解学生的各方面动态，并与家长强调家庭教育和家长支持对培养孩子刻苦好学和持之以恒精神的重要性，及时、切实和高效地解决每一位学生面临的问题，共同谋求最佳的教育策略，有效地做好学生的思想工作。在与家长的和谐合作下，某些同学的亲子关系得以改善，家长改变了与子女缺乏有效、合力沟通和过于严厉、亲子关系紧张等问题，使这部分同学的学习心态有了很大的转变。家校之

间和谐的合力，很好地促进了学生学习成才的内动力。对父母苦心的理解和感激，也使学生的感恩素养得以养成。

4. 通过班级日志、谈心等细节加强归属感，学生的健全人格素养培养成效显著

高中学习进度快、容量大、竞争激烈，成绩的进退容易令学生的情绪产生波动，影响信心。尤其是住宿生，面临着更多的离家想家、人际交往矛盾和环境不适应的问题。我致力于打造班级的激励文化，经常给学生写激励的寄语，如"忍别人所不能忍的痛，吃别人所不能吃的苦，是为了收获别人得不到的收获。""竞争不是比谁努力，而是比谁更努力。""人的才华就如海绵的水，没有外力的挤压，它是绝对流不出来的。流出来后，海绵才能吸收新的源泉。""外在压力增加时，就应增强内在的动力。"……通过班主任寄语、同学间的座右铭分享、写班级交流日记、谈心、周记交流等多种方式来激发学生的进取心和毅力。也让每个同学填写自我激励卡贴在课桌上，督促自己勿忘目标，勿忘奋斗。关注每次大考的备考与考后心理变化，重视对学生的心理疏导和压力排解以及对学生的激励、转化工作，及时掌握学生的思想动态，多与每位科任老师、学习委员、课代表沟通交流，及时发现问题，耐心、细致地疏导学生的心理问题，使哪怕是遭遇挫折后的学生都能够重新拾起信心，挫而弥勇，以积极、阳光的心态对待学习，对待挫折，对待成长。我班同学的健全人格素养养成效果明显。

例如，我班的魏璟霖同学，由于小学和初中没有形成良好的学习习惯，导致学习基础远远落后于别人，上高中后他明显跟不上老师的思路和学习的进度，课堂听不懂，作业不会做，缺交作业严重，让每位科任老师都头疼不已，他自己也整天被沮丧和自卑的心情笼罩，渐渐丧失了学习的兴趣，每天的课堂都会看到他发呆和神游。我及时与其家长进行了很深入详尽的交流，了解了他基础跟不上的成因后，与他进行了耐心细致的谈心鼓励，特别是以赏识其亮点和激励为主，在我所任教的语文科目上，在我的课堂和作业里更多地关注他和赏识他，特别是他的作文写得很认真，我就大力表扬他的态度和进步。经过一个月的大力关注和激励，他对文科的学习信心终于上来了，连诗歌朗诵他都有自信去尝试了（在老师赏识的眼光和同学们肯定的掌声中，他真的读得不错！）我再与理科的科任老师说明该同学的情况，请他们对他付诸更大的耐心和爱心，他的确在明显地进步着，特别是在求知的热情上。又例如何玮同学，性格非常内向，感情很丰富，内心很敏感。她的内向和封闭导致与同学间的沟通不良，整天生活在自己的世界里，独来独往。我也是通过耐心的谈话和大力的鼓舞，激发她改变自己、超越自己的信心。老师的这一番关心，竟令她感到像妈妈对她的关心一样，感动得哭了。这是一个多么懂事和感情真挚的女孩啊，我觉得身上有一种使命感——把她带到阳光、自信和快乐的世界里。我后来一直在对她做出这样的努力，她也不负老师所望，慢慢可以开怀地笑（笑容让人觉得很灿烂），并与更多的同学交往，融入了大集体的生活中。由于对学生的心理辅导工作投入了较大的热情和恒心，该项工作较有成效，较好地促进了班集体和谐环境的建设。由于有了健全的人格素养和自我管理能力的日益提升，我班的班风学风日渐浓厚，受各科任老师的认可和喜爱。

二、以远大理想引领阶段目标，形成乐学善学、善于反思和立志进取的素养

"人无志而不立"，对于一个团体亦然。我一直以两句名言激励我的班级要有目标追求："要向大目标迈进，先从小目标出发"和"有志之人立长志，无志之人常立志"。

（一）树立明确的班级奋斗目标

军训中，"2班攀巅，奋勇争先"的番号有效地激励了全班众志成城、同心同德；军训结束后我利用学生有感而发的军训心得体会作为交流素材，引导全班继续发扬军训精神，以建设有"家的温馨、铁的纪律和远大的目标"为共同追求的班级目标。在往后的学习生活中，同学们都能自觉地把"2班攀巅，奋勇争先"的军训番号挂在嘴边、放在心上，作为激励自己的座右铭。在统一的班级目标的引领下，我班形成了"团结友爱、勤学互助"的班级文化和纯正的班风，成为了一个具有团结、守纪、求实、进取素养的优秀班集体。

有了"和"的基础，要确立班级的奋斗目标就不难了。我首先在开学初"团结，宽容，奋进——'和'衷共济，奋勇向前"的主题班会上，提出了"课堂气氛积极活跃；自习环境安静自觉；集体活动团结进取；同学关系和

谐友爱；作业学习认真踏实"的班级建设目标，将2班建设成具有"友爱、互助、严谨、奋发、拼搏"的良好班风的团结班集体，并写成班志铭内化为同学们的自觉追求。有同学写到对班级的目标期望："2班是个非常团结、优秀的班集体，我希望同学们的成绩和品德都能够更上一层楼。——黎永雄"。在班徽设计比赛中，我不是让个别绘画出色的同学完成任务，而是让所有有灵感、有想法、乐意参与的同学都可以参加，可以独立创作，也可以群策群力、共同商讨。同学们设计班徽的热情非常高涨，不仅灵感不绝，还通力合作，一起商讨，分工协作，数易其稿，形成的多幅作品都各有精华，不忍舍弃。最重要的是，在设计班徽的过程中，同学们对班级的奋斗目标和班级文化都有了共同的认识。后来班服的设计和《奔跑》班歌、《志在·绝巅》班刊的诞生过程也是成了我们凝心聚力的难忘的历程，极好地统一了全班的思想认识。令我惊讶的是，作为平行班，他们竟都有着不畏强敌的斗志和相同的目标：运动场，我们都有一个共同的目标——为集体争光！（事实上，校运会的团体第一名也证明了同学们的班级目标并非口头上的妄言）；在学习上，他们写道：拼完武的拼文的，做一个文武双全的优秀2班，校运会表现出的激情、团结、合作、顽强和取得的成绩，把这些运动的激情转化为学习的激情；我希望2班是全级最优秀的班级；学习瞄准5班，体育剑指6班；以5、6班为目标，让所有人知道"2班是好样的，2班永不服输，2班敢于挑战强敌！"……这样的同学，何愁他们不顽强拼搏？在五星班级、书香节、图书站建设、体育竞技比赛、班刊和小电影的制作等，不都看出了同学们为集体目标而努力的赤子之心了吗？团结进取、积极向上、乐学善学的素养让2班的各方面发展突飞猛进，成为一个在年级里名列前茅甚至超越实验班、让所有人为之侧目的平行班。

（二）确立个人的理想目标，寻找个人的赶超对手

1. 主题活动定目标

在校运会的长跑运动员中，我班许俊杰同学在跑1500米的第二圈就开始抽筋，但他一直坚持跑完全程，还有带着脚伤完成了800米的冯凌雁同学，他们以一句很朴素的话"半途而废会让别人看不起"，诠释了他们坚持到最后的动力。我也以此教育了全班要为自己寻找一个明确的目标为之坚持到底，定会取得最终的成功。同学们以他们的决心证明了这次目标理想教育的有效：冯凌雁同学把"把意念沉潜得下，何理不可得；把意志奋发得起，何事不可为；把拼搏号召得出，何府不可入。"作为自己的座右铭；梁丽欣同学以"努力掌握好每一科，不能偏科，起码保证每一科都要及格，要与自己比较，更加细心，更加认真，莫骄傲！"为自己的奋斗目标；魏璟霖同学以"人成功之前必须经过失败，但失败之后就应是我进步之时"激励自己；何玮同学以"突破自己、超越自己"为个人目标……我又通过"规划人生"的主题班会，引导同学们学会认识自我，规划人生，把他们的目标定位得更长远一点，让同学们习得自主发展的核心素养。

2. 开展活动提高素养

比如，开展《不骄不躁，稳步前进》班会，用火箭升空的原理、东京国际马拉松日本选手山田本一、俄国著名作家列夫·托尔斯泰等名人事例告诉学生一个成功的真理：认真地完成自己的每一个小目标；要向大目标迈进，先从小目标出发。只要不求快、不求多、不中断，少点左顾右盼，多点自信专注；少点懒惰依赖，多点自主钻研，用一个个小目标的实现激励自己稳步前进，一定可以笑到最后，笑得最甜。开展《争分夺秒，备战期末考》班会，教会学生给自己制定一个有时间期限的学习目标；找出自己一天当中的时间盲点，利用这些时间给自己创造学习的机会；努力让自己的每一秒钟都过得充实有意义；拟定期末复习计划……都是高效利用时间的方法。通过"再长的路，一步步也能走完；再短的路，不迈开双脚也无法到达。""成功者，总是不轻易改变目标，而是想方设法改变自己；不成功者，总是不断改变目标，而不轻易改变自己。""目标的坚定是性格中最必要的力量源泉之一，也是成功的利器之一。没有它，天才也会在矛盾无定的迷径中徒劳无功。"等励志的寄语，也在一定程度上起到鼓励学生为目标坚持不懈的效果，同时，在坚持中善于反思的素养也得以锻炼。

三、以"和"度"志"，显成效

通过团结友爱、理想目标的素养教育，以和谐促进学生的毅力和志气，收到了较明显的成效，在短短的一个学期里，我班取得了军训会操一等奖、全部宿舍在内务评比中均被评为优秀宿舍、校运会中获得团体总分第一名、广播操比赛第一名、书香节图书站评比一等奖、捐书活动优秀集体、班刊《志在·绝巅》评比一等奖、篮球赛、级组体育竞技比赛均获奖等成绩。

更重要的是，通过"和"和"志"的传统美德施教，我班学生对班集体产生了深厚的感情和向心力。他们在平时的周记和班级日志、德育手册这样写道对班级的评价：

从一踏入2班这个集体，感受到的就是温暖。在与班集体相处的日子中，像感受到了家的温馨。

——魏国祥

2班不仅仅是一个班级，一个集体，更是我们的一个家。每一个同学都是我的亲人。我们一起学习，一起玩乐，一起为集体争光，在人生的回忆中充满了关于2班点点滴滴的回忆。

——黄绮文

与这个"家"相处的时间仅有短短数月，在这短暂的集体时光中无时无刻不充满着欢声笑语。洋溢着青春、活力、拼搏、昂扬的气息，团结、友爱是我们最大的特点，即使我们不是最亮的那颗星，但我们有着奋勇争先的志气。

——毕婉君

这是一个有快乐，有毅力、有梦想的大家庭。

——梁丽欣

我的集体是一个团结友爱，有明确目标，为目标不停地奋斗的集体，在这里我感受到家一般的感觉，它无时无刻不充满了愉悦的笑声和我们奋斗的泪水，它是最优秀的。

——张国培

我的集体是一个有超强凝聚力的集体，我们十分团结友爱，我们永不言败，我认为我的集体是最好的！！！

——梁嘉文

努力向上，奋发进取，团结、和谐、友好，这个集体的温暖浸透了我们每个人的心灵，我爱我的班集体。

——魏璟霖

在千千万万个家庭中有一个温馨可爱的大家庭，它是2班，它团结友爱，和谐融洽，积极向上，有勤奋踏实的学风。2班是我们远航的方向盘，指明前进的方向，任岁月蹉跎，我们的这份情谊仍旧坚定真挚，2班，我爱你！

——傅海欣

温暖的班集体就像家一样，到处充满温馨。

——杨美谊

……"

面临分班之际，同学们依依不舍地留下他们对这个集体的深厚情谊：

"准备分班了，2班也曾有过太多爱的体现，校运、军训、篮球赛……都感受到你们的爱。期末后，我们要照一张大合照，永远放在家里，放在心上，永远地把你，把你们带着，永不忘记我爱的和爱我的……

——冯凌雁

人在感慨时间过得快是因为快乐。2班给我们的回忆要留在心里。

——傅海欣

今天的体育竞技，听到别班的同学说我们班好团结，当时觉得超级自豪！就希望我们的这份团结可以一直持续下去。一直觉得2班很特别，好动、活泼、团结、敢于挑战、勇于拼搏……总之，很可爱！希望在接下来的20天，我们不一定要打败5、6班，但起码要超越自己，永远记住这个班，多年以后相聚，回忆起而今的点滴，会扬起嘴角，微笑到心底。

——周芷欣

自从军训开始，我们班这些有火星撞地球般激情的同学便很快形成了一个闪亮、奋勇争先的集体。现在留给我们的时间不多了，我希望在同学们的奋斗下，让11届高一2班留下最后的光辉，让这个集体的精神令每一位同学都深深记住。

——潘俊贤

时间过得真快，仿佛2班首次相聚就在昨天。但我相信我们还有许多新的梦想新的故事，需要我们去努力拼搏。我希望2班是一个拼搏者来的地方，每个人都为了自己的梦想而拼搏。爱拼才会赢，只有2班的每个人都爱拼搏，才能在这竞争激烈的十多个班中脱颖而出。青春的价值不在持久而在闪光。同样的，2班的价值也不在于有多持久，而在于我们共同的闪光点。从军训、校运会等等活动中，我们取得的荣耀就代表着班的价值，这是大家共同努力的结果。在许多事情上我必须明白无悔。同样，我们面对2班也要无悔，所以在剩下这二十多天时间里，我们要竭尽全力，奋勇攀巅！希望同学们都能够自觉，尽自己最大的努力使2班变得更好，让大家想起2班时会觉得2班使我自豪，2班因我自豪！

——许俊杰

......"

我想，同学们的这些肺腑之言就是对"和"与"志"素养教育成效最有力的概括。同学们对班级深深的热爱，让我看到了德育工作光明、开阔的前景，让我更坚定了以"和"度"志"，奋勇向前，创建奋发进取的和谐班集体，是一条实施求真知、做真人的班级管理和优秀班集体建设的理想之途，它让莘莘学子于无声润物中习得健全人格、自我管理、乐学善学、勤于反思、学会学习、自我发展等全面发展人才所需的核心素养。在"和"度"志"的育人征程上，路漫漫其修远兮，吾将上下而求索。

第二章

梦想　起航

高二年级——品质思维、高效行动

进入高二阶段，学习压力越来越大，学生开始出现分化现象，学生出现心理问题的日渐增多，同学关系显得紧张而冷漠，在这些事件中，我们可以发现，学生在处理人际关系的方式和方法中存在偏颇。现在独生子女越来越多，很多时候他们以自我为中心的性格使得他们在与人相处的过程中即使发生了矛盾也不知怎么解决，也不会主动去解决。此外，年轻人接触的东西越来越多，而接触的外界事物又对他们的人生观、价值观和世界观产生一些消极的影响，这对于他们的人际交往产生了许多负面的影响。

在担任班主任期间，很多学生私底下和我谈心时都提及不知该怎么和同学处理关系，有的同学觉得自己不能融入集体，觉得自己在集体中没有存在感，不敢去和别人正常交流；或者当同学之间发生矛盾时不知该如何处理，置之不理或冤冤相报是他们最常用的方式……

人是社会的人，人不能离开集体而独自一人生活，所以，让学生多了解一点人际关系的知识，学习一些人际交往的技巧，提高与人为善、和谐共处的社交素养是十分必要的。

体验丰满理想　行动点燃辉煌

——华南理工大学广州学院学习之旅

2017年5月6日，阳光铺洒，微风送凉，邝中高二年级优秀小组一行190多名师生来到华南理工大学广州学院参观学习。

到了华广之后，热心的师长们自愿充当了我们的导游，带领我们参观了山环水绕、鸟鸣花香、现代大气而又幽静雅致的校园。

紧接着我们又在学校的大课堂认真听取了师长们对华广专业设置、就业情况、师资力量、场室设置等情况的详细介绍，也聆听了邵主任的谆谆教诲。

接下来，我们到学校的经管实验中心、珠宝设计中心、中兴工程中心等各种专用场室和实验室参观学习。各个场室都有专门的讲解员引导同学们详细了解专用的设备以及相关专业的情况，让同学们大开眼界，也对同学们将来的专业选择有很好的指导作用。

后面，我们开始了团康活动。整个活动包含两个项目：挑战NO.1和动力绳圈，活动开始已经是中午11：30了，烈日当空，火辣辣的太阳炙烤着华广的足球场，也炙烤着学子的意志，但空气中翻滚的热浪还是压不过同学们喷涌的激情和高涨的士气。

190多名学子迅速分成8个战队，选出自己的队长、副队长，确定自己的队名、口号、队歌，设计自己的队旗，接受并迅速完成导师交给的任务，所有环节紧张有序，一气呵成，充分彰显了同学们机敏灵活的应变能力，团结合作的团队精神，矢志不渝的坚强意志。

图1　小组设计活动标识

　　当三个同学信心满满地走在所有同学和老师用一颗心拉成的绳圈上时，我们每一个人都感受到一股强大的力量在我们的手中传递，在我们整个身体中流淌，更在我们每一个人的心中沸腾！是的，团结就是力量，坚持就是胜利，信仰终将通过行动铸就辉煌！

图2　师生一起参加团康活动

持续了整整7个小时的活动在下午2：30的斜照中拉上了帷幕。

当同学们挥手与窗外的师长们告别的时候，他们告别的何尝不是昨天的那个自己！明天，一切都将变得更加美好！

图3　参观机器人实验室

褪去青涩走向成熟

教学实践一：以团结、宽容与奋进之精神，打造和谐班级

【活动目标】

（1）使学生认识到团结和宽容在同学们相处过程中的重要性，形成真诚宽容的待人素养。

（2）让学生学会表达宽容和谅解对一个班集体及在人与人交往过程中的重要性，形成与人为善、和谐共处的社交素养。

【活动准备】

（1）准备歌曲《相亲相爱一家人》。

（2）查找有关团结、宽容、奋进的启人故事。

（3）准备散文朗诵《拥有宽容的心灵》。

（4）制作课件展示相关内容，以及班级同学的集体照、宿舍成员的照片等。

【活动形式】

故事讨论、案例讨论、暖闻分享、心声交流、文体表演（散文朗诵）、音乐共情。

【活动过程】

（一）活动导入

最近，班级里有同学之间、宿舍成员之间由于生活习惯不同而产生矛盾，导致同学关系不和谐，影响了班级的团结和自己学习的心情，这些问题一直令

我思考……我在思考这样一个问题：假如人与人之间多一些理解和宽容，大家互相团结，那么在我们周围也许会多一些平和，少一些怨仇和纷争。在与人交往中，我们都渴望他人能设身处地地为自己着想，希望自己的权利、意愿得到重视，希望自己被接受、被肯定，最怕别人的误解和忽视。其实，对方也有同样的需求。在生活中，我们彼此都呼唤理解与宽容，这需要换位思考、以心换心。今天，我们就来开一节以"和"——团结、和谐为主题的体验式活动班会，让大家走近彼此的心扉，提高与人相处、融入社会的素养。

（二）活动篇章——团结

1. 蚂蚁的故事（团结的故事）

很久很久以前，一场突如其来的水包围了一小块陆地，这块陆地上有许多的蚂蚁，是蚂蚁的家园。蚂蚁们对水是很敏感的，因为它们不会水。天要是下大雨了，它们总是能够预先知道，于是就能看到它们浩浩荡荡搬家的场面。但是这一次它们无法预先知道，因为这一次是人祸，一个农民挖开了沟渠，要浇灌他的菜园子。天灾可以预知，但是对于人祸蚂蚁们就无法预知了。蚂蚁们爬出了洞穴，一阵慌乱！然而不一会儿蚂蚁们就有秩序了，它们聚拢，聚拢，聚拢成了一个大大的蚂蚁团，这时，水漫了上去，蚂蚁团就漂在了水面，而且在微风的吹动下，蚂蚁团滚动，在水面上向前滚动。没有一只蚂蚁松手，那蚂蚁团好像向前漂得很轻灵。终于，它们抵达了陆地，它们分散开来，它们又一次开始重建家园。农民看得呆了。他在想，假如有蚂蚁不想在最外边想在里边安全着，还会有那紧密的蚂蚁团吗？他的脑海闪现了一个词：团结。这是他因为目睹蚂蚁的壮举而创造的一个词！他想：这是一个多么好的词啊！他把蚂蚁的壮举讲给他的子孙，临了总要说一句："要团结啊！"他的子孙把蚂蚁的壮举讲给他们的子孙，临了总要说："要团结啊！"后来蚂蚁的故事传丢了，一代叮嘱一代："要团结啊！"

问题一：从这则故事中，你们有什么启发？（学生讨论，并表达自己的观点与看法）

提示：同学们异口同声地说："要团结啊！"蝼蚁尚且懂得抱团取暖的生存之道，作为万物灵长的人类，更应该懂得团结的真义——前提是学会真诚友爱、宽容谅解、不计较小事，遇事好好说话不推诿；此外，我们还要学会互相帮助，帮助他人，帮助同学，共同进步。只有具备这些与人相处的良好素养，我们才能建立互相理解、互相信任的桥梁，精心培育出友谊之花。

问题二：听完蚂蚁的故事，请同学们联系一下我们的班集体，说说发生在我们班团结的故事。

我们的故事一：男、女生宿舍都有这样一个优秀的集体，在每一次的活动和清洁打扫中他们总是表现优秀，多次得到表扬。在他们的集体中，无时不充满温暖和欢乐。

我们的故事二：也有这样一个集体，在他们中随时充满"战争"。其中的一个同学非常特别，由于他总是有意无意地挑逗别人，使得这个同学多次找我想离开这个小组。但是经过一段时间，他们改变了，变成了一个好的集体，并提出是否开个欢迎会，欢迎该同学重新回到小组的怀抱里。

我们的故事三：这样的一个集体，在校运动会上获得广播操及多项比赛成绩的第一，最终夺得团体总分第一！校运会上，可爱的运动健儿们齐心协力、勇往直前的精神深深感动了我们这个集体，啦啦队们充满激情的呐喊助威声，声声打动了运动员们的心。我们团结，我们拼搏，我们取得了令自己满意，让别人羡慕的成绩！

我们的故事四：……

2. 木桶原理

一只木桶它装水的多少，不是取决于最长的那一块木板，而是最短的那一块。

——木桶原理虽简单，但是道理却深刻。现在请同学们说说自己的感受。

（略）

3. 班主任小结

（课件展示同学们在运动会的风采，团结的场面，感动的瞬间等等）

我们要善于发现身边同学的长处，自己的长处，然后有意识地去培养和发展。

西方的"木桶理论"，说的是一个木桶能装多少水，取决于最短的那一个。而人生却不是一只木桶，桶再大能装的水都是有限的，人生是一条路，你手中的木板有多长，才能架起多长的桥，才能越过多宽的沟，才能走向多远的的路。

我们身边，每天都有动人的故事发生，只要我们用心去感受，每天都会发现靓丽的风景，都在感动着……我们坚信，只要我们人人都具备宽容的核心素养，我们相亲相爱的温暖故事将会一直继续着，我们人际交往的能力将越来越强，我们的集体将会成为一个更加优秀的集体！

（三）活动篇章二——宽容

1. 什么是宽容

宽容，就是以一种谅解和包容的心态和行为去对待与自己不同的观点和意见、与自己不同的性格和志趣、甚至是别人的过错和冒犯，达到人与人的多样化的共处与合作。简单地说宽容就是有气量、不计较的待人素养。

2. 说故事：《拿破仑的宽容》

拿破仑在长期的军旅生涯中养成了宽容他人的美德。作为全军统帅，批评士兵的事经常发生，但每次他都不是盛气凌人的，他能很好地照顾士兵的情绪。士兵往往对他的批评欣然接受，而且充满了对他的热爱与感激之情，这大大增强了他的军队的战斗力和凝聚力，成为欧洲大陆一支劲旅。

在征服意大利的一次战斗中，士兵们都很辛苦。拿破仑夜间巡岗查哨。在巡岗过程中，他发现一名巡岗士兵倚着大树睡着了。他没有喊醒士兵，而是拿起枪替他站起了岗，大约过了半小时，哨兵从沉睡中醒来，他认出了自己的最高统帅，十分惶恐。

拿破仑却不恼怒，他和蔼地对他说："朋友，这是你的枪，你们艰苦作战，又走了那么长的路，你打瞌睡是可以谅解和宽容的，但是目前，一时的疏忽就可能断送全军。我正好不困，就替你站了一会儿，下次一定小心。"

拿破仑没有破口大骂，没有大声训斥，没有摆出元帅的架子，而是语重心长、和风细雨地批评士兵的错误。有这样大度的元帅，士兵怎能不英勇作战呢？如果拿破仑不宽容士兵，那只能增加士兵的反抗意识，丧失了他本人在士兵中的威信，削弱了军队的战斗力。

3. 说体会：你们怎么看待同学之间的小矛盾

教师引导：一棵树，如果花不鲜艳，也许叶子会绿得青翠欲滴；如果花和叶子都不漂亮，也许枝干会长得错落有致；如果花、叶子和枝干都不美丽，也许它生长的位置很好，在蓝天的映衬下，远远看去，绰约多姿，也流露出几分美感。

美学家说，世上缺乏的不是美，而是发现美的眼睛。看一棵树，看花，看叶，看枝干，左看右看，只要你带着欣赏的眼光，带着宽容的心情，总能在一棵极普通的树上发现出美来。看人也这样，我们都应该着力养成积极阳光、豁达宽容的待人素养。

4. 散文朗诵

拥有宽容的心灵

宽容就像春天的细雨，

深情地滋润着大地，

无私地哺育着世间万物；

不在意狂风的袭扰，

更不惧怕雷电的攻击。

宽容是一种高贵的豁达，

它不仅懂得怎样来品味和享受人生，

更懂得怎样去创造幸福并赐福于人。

宽容是一种非凡的理解，

它不仅懂得怎样来理解自己，

更懂得怎样去理解别人和赢得理解。

宽容是一种超然的尊重，

它不仅懂得怎样来尊重自己，

更懂得怎样去尊重别人和赢得尊重。

宽容是一种最有效的激励，

它不仅能够激励自己不因一时一事的得失而颓废，

更能激励别人去悄悄地弥补自身的过失。

宽容更是一种人类独有的大智慧，

它不仅会磨砺人的意志，

更能够擦亮生命的锋芒，

人们在付出宽容的同时也在享受着人间至真至纯的情感盛宴。

朋友们，让我们拥有宽容的心灵吧，

在人生的道路上，只要我们真正拥有了宽容，

就会拥有真正的幸福与快乐，

我们身后留下的将会是令人陶醉的瑰丽风景。

5. 班主任小结

同学们，在生活中，我们难免会与别人发生摩擦，当别人不小心踩到你，你应该摆摆手，说声没关系；当别人弄坏了你的东西，向你道歉时，你也应该宽容地付之一笑。人生如此短暂匆忙，我们又何必把每天的时间都浪费在这些无谓的摩擦和计较之中呢？天地如此宽广，比天地更宽广的应该是人的心！如果每个人都能"以责人之心责己，以恕己之心恕人"，就能化隔阂为理解，化矛盾为友谊了。宽容，正是人与人交往的一条重要原则，也是人品好的表现，懂得宽容，人品好的人，自带光芒，无论走到哪里，总会熠熠生辉。让我们都主动锤炼心胸开阔、宽容待人的素养吧！

（四）活动篇章三——奋进

1. 说故事：《羚羊和狮子》

在非洲一望无际的草原上，有一个由各种动物组成的自然界动物社会。每天在草原上的羚羊睁开眼睛，所想的第一件事就是：我必须跑得更快，否则我会被狮子吃掉。与此同时，狮子从睡梦中醒来，首先在脑海里闪现的第一个念头就是：我必须跑得更快以追上更多的羚羊，否则我就会被饿死。于是与此同时，羚羊和狮子一跃而起，迎着朝阳跑去。

2. 学生谈启发

（略）。

3. 老师小结

生活就是这样，无论你是羚羊还是狮子，每当太阳升起的时候，就要毫不迟疑地向前奔跑。（并联系实际，说说班级最近存在的一两个同学不想读书的厌学案例，给予适当的引导教育）

【活动总结】

亲爱的同学们，希望你们牢记这样一句话："心底无私天地宽。"让我们今后主动养成心胸豁达、与人为善、宽以待人的人格素养，以一颗宽容的心去看待生活和学习中的一切人及事，61颗心紧紧连在一起，相亲相爱一家人，不管风吹雨打，我们永远团结，同心同德，一路奋勇向前走，属于我们的胜利就在不远的前方！

以歌曲《相亲相爱一家人》结课。

【活动反思】

1. 采用的活动形式梳理

本设计主要采用了故事讨论、案例讨论、暖闻分享、心声交流、文体表演（散文朗诵）、音乐共情等丰富多样的活动形式，让学生参与到班会中来。

2. 活动效果

这些形式丰富的活动充分调动了学生的情感体验，课堂气氛和谐。学生通过一系列的活动，深入真切地体验到宽容、进取心对为人、成人的重要性和团结对于一个集体的意义。经过这一节班会后，班级的凝聚力进一步增强，同学间的友爱得以加深，同学之间的小摩擦没有了，换之以互相关心和帮助，同学们都说喜欢自己的班级，对集体的归属感和荣誉感都越来越强了。孩子们在班级管理的常规表现方面也越来越自觉，达到了"无为而治"的纲举而目张的效果。

3. 本课所能提升的核心素养

本设计主题指向"自主发展——健康生活"维度的"健全人格、自我管理"素养。具体来说，致力于达成积极阳光、豁达宽容的待人素养和与人为善、和谐共处的社交素养。本节课活动形式能充分调动学生的情感体验，课堂气氛和谐，在一定程度上激发了学生对真诚友谊的渴望和热爱班级的认同感、归属感。班级建立起互相理解、互相信任的桥梁，同学们互相帮助、共同进步、氛围融洽，心胸豁达、与人为善、宽以待人的人格素养得以形成，教育效果达成了预期的目标。

教学实践二：班风建设　人人有责

【设计理念】

进入高二年级重新分班后，新班级，新集体，新同学，学生之间并不了解甚至并不认识，班级气氛比较沉闷，集体意识不强，凝聚力也有待培养。另一方面，开学以来，班里学生迟到、课堂开小差、逃值日等不和谐现象时有发生，影响班级学习氛围。结合本班实际情况，本次社会主义核心价值观主题班会活动我班从"和谐班级"角度切入开展了此次主题班会课。

【活动目标】

（1）以心理测试导入，让同学们加深对自我的认识，激发同学们参与主题班会的兴趣；

（2）通过开展小游戏，增进同学们之间的了解，助力培养班级凝聚力；

（3）通过分析班级不和谐的因素，探讨和谐班级应具备的要素，引导学生从自己做起，共同创建和谐班级；

（4）全体学生签署承诺书并张贴在班级，扩大主题班会的思想教育作用。

【教育形式】

主题游戏、小组活动。

【活动准备】

收集素材、打印数独、制作承诺书、制作PPT。

【活动过程】

（一）导入

班会伊始，以简单的心理测试导入，引导学生了解自己团队合作的倾向，同时激发学生对本次主题班会的兴趣。

心理测试题：

有位年轻的女性向你问路，而她要去的地方与你要去的地方恰好方向相同，你会如何呢？

A. 告诉她方向相同，可以一起走；

B. 很详细地告诉她怎么走，再从后面跟去；

C. 默默地带她到目的地；

D. 告诉她走法，自己另走一条路。

你的选择：（　　）

选A："人生何处不相逢"，这是一种缘分，你能与她同行，可以说是个善于利用机会并且能更快融入团队的人。你做事负责，也能有涵养地为对方着想，懂得尊重人。

选B：你把自己的事和别人的事分得清清楚楚，但不会只告诉人家方法，而自己摆脱。因此在团队中你扮演的是一个泾渭分明的角色。

选C：只顾自己，自求满足，你无视于对方的困难，而一味强求，因此会制造敌人，很难融入团队。但因为你的态度强硬，也有不少人会跟你走，是属于政治家型的人。

选D：意志软弱，讨厌人家误解或低估自己。一旦被人请教，也觉得是一种负担，而感到厌烦。你没有意气相投的朋友，也没有敌人，在团队中更应该改进自己的工作作风，避免与团队协作背道而驰。

你是哪一类呢？符合你的实际生活吗？你是和你期望的班级团队成员一起努力学习的吗？如果不是，你对现状有什么好的办法改进呢？

（二）和谐班级，首先是一个相知班级

1. 串名字游戏

游戏方法：第一名同学自我介绍（学号、姓名："我是×××"），第二名同学接着介绍（我是×××后面的×××），第三名同学介绍（我是×××后面的×××的后面的×××）……，最后介绍的一名同学要将前面所有同学的名字复述一遍。

在开展小游戏的过程中，一方面加深同学之间的相互认识，另一方面活跃班会气氛，调动大家的积极性。

2. 活动："试一试"

内容：

（1）把自己的不足告诉同学，互相提醒、监督。

（2）接受同学的善意规劝，每天反省自己。

（3）尊重他人，与人为善。

（4）依靠集体的力量，共同努力。

（5）学会欣赏，经常赞扬别人，给同学鼓励。

（6）向他人学习，主动为班级做贡献。

（7）勇于承担班级的重任，积极向上。

引导学生行动起来，走出第一步，信任他人，尊重他人，欣赏他人。

（三）和谐班级，更是一个团结班级

（1）名人名言赏析。

（2）不和谐VS和谐。

共同分析班级存在哪些不和谐的因素，总结和谐班级应有的因素：

◆班级不和谐因素：

① 歧视同学甚至戏弄同学。

② 上课听不懂，干脆不听了，讲话，看课外书，写别科作业。

③ 作业碰到难题不思考就马上问同学或干脆抄别人的作业。

④ 同学有不懂的问题请教你，不予理睬，或干脆把作业本给别人抄。

⑤ 不懂得感恩。

⑥ 总觉得自己不如别人，爱抱怨，不思进取。

⑦ 浪费时间，到校后聊天讲笑话。

⑧ 值日时只负责自己任务，干完后不能主动帮助别人。

⑨ 对自己定位不准确，认为自己是差生或是人才。

⑩ 没有集体观念，从来没想过为班集体做点事情。

⑪ 劳动时间自己溜掉偷懒或干脆故意迟到。

⑫ 考试期间就想着作弊，和同桌对答案。

◆针对这些不和谐因素我们应该怎么做呢?

"三比三不比":不比基础比进步、不比聪明比刻苦、不比阔气比志气。

◆和谐班级:文明向上,了解同学,尊重同学,赞赏同学,士气高昂,正能量充足,有志气,能吃苦。

(3)活动:数独

小组为单位完成数独,体验优秀团队所要具备的因素:共同认可的明确的目标、积极地参与、良好的沟通、互相信任、合理的分工与协作、高度的凝聚力与民主气氛。

(四)倡议与承诺

1. 班主任总结并提出和谐班级倡议书

(1)自我:举止文明,谦虚礼让;勤奋刻苦,积极向上;见贤思齐,争做榜样。

(2)班级:乐于奉献,学会欣赏;与人为善,宽容体谅;共同进步,自信坚强。

(3)学校:热爱学校,尊敬师长;超越自我,为校争光。

2. 共同许诺并签署承诺书

全体学生许下自己的承诺后,播放歌曲《相亲相爱的一家人》,在歌声中,全班同学在承诺书上签署自己的名字,班会结束。课后将承诺书张贴在宣传栏。

承诺书

我承诺:

我要从自我做起,改正自己的不足,向他人学习。尊敬老师,关心集体,团结同学,勤奋努力,乐观积极。我们的班级就是我们共同的家,我一定要维护班级的荣誉,让高一9班为我而自豪!和谐班级,从我做起!

【课后反思】

针对分班后学生还处于比较陌生阶段,彼此不是很了解,希望通过一些活动让学生增进了解,同时有利于培养和谐班级。本节课力求通过合理的教学设计、依托情境导入、巧妙组织、打造亮点，力争体现"以学生为主体"的教育理念，促进学生自主发展。自主性是人作为主体的根本属性。自主发展，重在强调能有效管理自己的学习和生活，认识和发现自我价值，发掘自身潜力，有效应对复杂多变的环境，成就出彩人生，发展成为有明确人生方向、有生活品质的人。主题班会的活动以班主任的带领和作用为主，体现学生主体地位，发挥学生的主观能动性。班集体不仅仅是教育对象，而且是巨大的教育力量，通过主题班会的开展，促进了学生核心素养的形成。

教学实践三：越挫越勇　舍我其谁

【设计理念】

当前我国的核心素养研究处于初级阶段，需要加强综合性的研究，面对未来的挑战，今天的孩子需要培养六大核心素养，必须从十八个小要点中发展起来，而"健康生活"是我本学年的培养重点。前段时间，我们班里出现了几个因为受到打击而萌生厌学念头的同学，媒体也报道当代中学生的抗挫能力有所下降。具备很强的抗挫能力的学生才能在困境中快乐前行，培养学生乐观开朗的个性很重要，让学生能微笑着面对挫折。本节班会课，我将创设情景，让学生直观地了解事物发展的过程，从反复体验中逐步认识到挫折的普遍性和客观性，从而真切地感受到做任何事情都会遇到困难，成功的喜悦恰恰来自于问题的解决。

【活动背景】

核心素养是学生在接受相应学段的教育过程中，逐步形成的适应个人终生发展和社会发展需要的必备品格与关键能力。它是关于学生知识、技能、情感、态度、价值观等多方面要求的结合体；它指向过程，关注学生在其培养过程中的体悟，而非结果导向。

同时，核心素养兼具稳定性与开放性、发展性，是一个伴随终生可持续发展、与时俱进的动态优化过程，是个体能够适应未来社会、促进终生学习、实现全面发展的基本保障。"健康生活"的三个要点包含了珍爱生命、健全人格、自我管理，是我本阶段的工作重心。

班级特点：我们班的学风好、成绩好，学习独立性强。前段时间有同学被同学一句无意的玩笑话萌生退学的念头，在期中考试前，生物老师批评了某同学，该同学在生物科考试时交了空白卷。这些都透露出我们班学生内心的迷茫与信仰的无根。如此脆弱的"心灵"背后，隐匿着一颗难以承受"挫折"砥砺的软弱之心。

【活动目标】

1. 认知目标

（1）通过采访同龄人、长辈、老师，让学生认识到挫折的普遍性和双重性。

（2）通过活动，让学生了解到挫折对一个人成长的重要性，发展珍爱生命的核心素养。

2. 情感目标

通过音乐营造情境，用图片、视频展示情境、语言描绘情境等，引导学生在具体情境中体验、领悟挫折。通过小组成员的合作、交流等，从而提升学生对抗挫折的心理调节能力，培养健全人格的核心素养。

3. 行为目标

通过活动，让学生掌握承受挫折、战胜挫折的一些方法，让学生在知识、情感、合作技能等方面都得到提高，从而提升学生对抗挫折的心理调节能力，完善学生的"自我管理"核心素养。

【活动过程】

1. 音乐导入——唱张韶涵的《隐形的翅膀》

每一次，都在徘徊孤单中坚强，每一次，就算很受伤，也不闪泪光。

我知道，我一直有双隐形的翅膀，带我飞，飞过绝望，

不去想，他们拥有美丽的太阳，

我看见，每天的夕阳，也会有变化，我知道，我一直有双隐形的翅膀，

带我飞，给我希望，我终于，看到所有梦想都开花，追逐的年轻，歌声多嘹亮。

我终于，翱翔，用心凝望不害怕，哪里会有风，就飞多远吧。

不去想，他们拥有美丽的太阳，我看见，每天的夕阳，也会有变化，我知道，我一直有双隐形的翅膀，带我飞，给我希望。

隐形的翅膀，让梦恒久比天长，留一个，愿望，让自己想象。

2. 体会挫折

（1）分享听完这首歌的体会，并谈谈你也曾"受伤"吗？

（2）说说我们班上近来的琐事。

3. 看看他们的挫折经历

（1）观看课前录制的同学、长辈、名人谈自己的挫折经历和他们克服困难的过程。

（2）和同伴谈谈自己的抗挫折方法和经历。

4. 展望未来

（1）我有这样的问题……，将要这样解决这个问题……

（2）名人说挫折。

（3）齐唱班歌《倔强》。

【活动效果】

1. 取得的效果

核心素养指学生应具备的适应终身发展和社会发展需要的必备品格和关键能力，突出强调个人修养、社会关爱、家国情怀，更加注重自主发展、合作参与、创新实践。学生发展核心素养，主要指学生应具备的，能够适应终身发展和社会发展需要的必备品格和关键能力。研究学生发展核心素养是落实立德树人根本任务的一项重要举措，也是适应世界教育改革发展趋势、提升我国教育国际竞争力的迫切需要。通过本节课，学生获得以下的总体感悟：

（1）学生提高了认识，反思了自己的所作所为。

（2）老师增强了认识，设计不同的途径让学生提高耐挫力。

（3）学生去掉了部分的娇气。

2. 存在的不足和待改进的地方

（1）学生对挫折的感悟是暂时性的，一个星期后有些人开始又变得一样畏难了，因此，应该在日常的教学工作中持续地进行抗挫折教育，不能只靠班会课来解决这个问题。

（2）本节课虽然照"辅导式"班会课来设计，但上完后我总感觉自己只是有"辅导式"的形，没有太明显的"神"，没有达到"生成性"目标大于"预设性"目标的效果。虽然激发了学生的内需，但是没有能够很好地影响学生的"行为"。今后，还要多加强辅导式班会课的学习与实践。

教育感悟——误区突围　踏实践行

其实进入高二年级后，学生心理状况显得更加复杂，在教育引导的过程中总会有不当的地方，比如对学生要求过于严苛，经常觉得有点恨铁不成钢，发现问题容易上火，不管三七二十一，找到问题学生就是一顿数落，没有做到与学生更近距离的心灵沟通，陷入了教育的误区，反而影响了教育的效果，不利于学生核心素养的提升。下面一起分享一下本人在高二年级德育工作中的几篇教育日志，题目是：《误区突围　踏实践行》

一、教育的误区

中小学生心灵很纯洁，纯洁得像一张白纸。教师是在白纸上画画的人，"画"画得美不美有时会影响他们的一生。然而，有的班主任在"画画"的过程中忽视了教育的艺术，从而不自觉地进入了教育的误区。

1."有错必究"

很多教师都信奉一句话："严师出高徒"，主张对学生采取有错必究的教育方式，哪怕学生犯一个"小小的错误"，都要毫不放松地浅责深究，批评处罚。结果弊大于利，不但有损学生的自尊心和自信心，还影响师生关系，降低了教育效果。对学生"有错必究"，特别是当众批评，往往使学生觉得无地自容，更不利于学生身心的健康发展。同时，"有错必究"会使学生认为老师小题大做，从而导致学生采取不合作的态度，甚至产生逆反心理，对抗情绪，更有甚者，导致师生冲突，从而影响教育的效果，令班主任工作事倍功半，甚至祸及日后，给班级管理工作及教育策略的实施带来严重困扰。

著名教育家苏霍姆林斯基认为："在影响学生内心世界时，不应挫伤他们心灵中最敏感的一个角落——人的自尊心。"笔者在二十多年的教育教学工作中，一直牢记这一句名言，并深深体会到，尊重和保护学生的自尊心是做好班主任工作，教育好学生的前提条件。

2. 以罚代教

现在仍有班主任在教育有过错的学生和处理违纪学生的过程中方法拙劣，不善于晓之以理、动之以情，而是动辄训斥、要求写检查、见家长，甚至罚抄书、罚站、罚面壁、罚劳动。还美其名曰：这是以"毒"攻毒，以"恶"制恶。平心而论，有时适当的处罚，作为一种批评的手段，亦不失为一种有效的教育方法，但动辄便罚是与教育规律相违背的。以罚代教，必然使学生在情感上难以承受，觉得没面子，容易引起对老师的反感，产生对立情绪。这种对立情绪往往会迁移到老师所教学科的学习中去，于是，学生对该老师所教学科的课堂常常是不愿听、不愿上、不愿学。将造成教育上的恶性循环，由此可见，以罚代教，确实会误人子弟。教育者应体会到表现差的后进学生也有自尊心与人格，更需要理解和尊重，动辄处罚，这实际上是与现在的素质教育要求背道而驰的，它只能反映一些教育工作者的无能与素质的低下。

3. 消极情绪的迁移

有的班主任常常不能驾驭自己的情绪，高兴时，学生就可以"享福"，不高兴时学生就要遭殃。每每因不顺心之事而情绪异常，不是整天板着脸，就是训斥、讥讽，甚至体罚学生，殊不知，这些做法容易产生教育的负效应，只能给学生造成精神上的压抑和情绪上的负担，使学生时常有一种恐惧心理和紧张感，时刻担心教师情绪不佳而迁怒自己，害怕受老师心情"晴转多云"或"阴转多雨"所累。久而久之，师生间便会形成一道鸿沟，最终导致教育的失败。所以，作为一名称职的班主任，更应调控好自己的情绪，抛开负面心理，理智积极地投身其中，以开朗乐观、宽容平和的心态去感染同学，以身作则，熏陶感化同学，从而可能更好地达到立德树人的教育功效。

4. 知错不认错

人非圣贤，孰能无过，班主任在教育学生时，也不能做到事事正确，但有些班主任明知自己有错，却不愿或不敢在学生面前做公开的检讨，他们顾虑重重，认为向学生承认自己有错会"丢身份"失去做教师的尊严。其实这种观点是不对的，我们知道，每位班主任都希望自己的学生诚实，光明磊落，有高尚的品德，为达到这一目的，不惜苦口婆心地讲道理，论古谈今，用无数诚实人的故事来充实学生的头脑，但一旦自己有错的时候，就躲躲闪闪，遮遮掩掩，文过饰非，知错不认错，那么，这位班主任就会威风扫地，学生因此而鄙视他，认为这个班主任言行不一，满嘴谎言。事实上一些班主任，往往就是因为自己没有勇气做自我批评，而失去了一次次对学生进行诚实教育的最宝贵的机会。诚然，以身作则，自觉检讨，知错能改，这是一种能让学生折服、钦佩从而有所触动、深受感染的优秀品格！而一位教育工作者的真正威信在于他的人格力量，它会对学生产生终生的影响。

二、应对的策略

当前教育改革的不断深入和发展，建立和谐新型师生关系势在必行，那么班主任怎样才能胜任本职工作呢？笔者认为针对以上班主任工作经常出现的几个误区，在教育实践中可以尝试采取以下三种应对的策略：

1. 审时度势、纠错有度

一个孩子的成长过程，是与犯错为伴的过程。对于孩子们的犯错，我们应该具体问题，具体分析。针对学生犯错的性质和违规的具体情况，采用不同的纠错教育方式。如果学生因一些孩子的天性，或出于好奇，好玩，对同学没有造成伤害，对班级组管理没有制造成很大的麻烦，纯粹属于学生的调皮而在行为上有难以避免的小过失的，班主任可以从大局出发，用一颗包容、谅解的心去对待学生，从而赢得学生的信赖与好感，更有利于形成和谐的师生关系，更有利于班级管理。但对于一些影响班风、级风、校风的严重违纪行为，比如，迟到、旷课、打架、破坏公共财物、考试作弊、仪容仪表违反学校的管理规定的等等；道德观念淡薄，肆意"恶搞"低级趣味的活动，对老师不敬、对同学不敬，影响班风学风的违纪违规行为等，哪怕是一点点细小的过错，都要注意做到防微杜渐，防止事态蔓延，也就是要做到"有错必究"。由此可见，班主任工作是一门艺术，对学生的过错处理也要讲究艺术，要做到对学生犯错有准确的定位定性，纠错教育要宽严有度，刚柔并济，针对具体情况，找准良方，巧施对策，否则会适得其反。

2. 刚柔兼济、软硬兼施

记得读过一篇散文《一杆冷》，讲的是垂钓老翁的人生境界，也是作者理想的人生境界：既具有水的柔韧，顺势而动；又具有山的坚韧，屹立不倒。这其实也就是一种刚柔兼济的人生态度吧。

人世间的万事万物都是相通的，做人如此，治班亦如此。对班级的一些不良现象和个别违反纪律的学生，班主任一味采取单方面采取高压政策进行处罚也不见得有效，反而有可能把学生逼向与老师对抗、走向极端的境地，但单纯只是柔情说教的态度也不能解决问题，中国历来讲究中庸之道，此时若能刚柔兼济、软硬兼施，可能会起到意想不到的效果。

今年高二年级有一位同学名叫小敢，性格特别倔强，日常学习表现情绪化严重，自制力不强，坚韧性不足，无心向学，总想玩手机，有比较严重的"手机控"，学习成绩自然也一落千丈了。有一次上政治课，政治老师发现他上课玩手机，叫他将手机交上来，因为按学校《手机管理公约》，学生不准上课玩手机，违者没收手机交级组保管至期末。但这个小敢面对老师的要求，面不改色，不但拒不上交手机，而且态度非常蛮横，当面顶撞老师，政治老师气得几乎课都上不下去了，当我知道后，把他叫到办公室，问他政治课的上课情况，他一五一十地告诉我，并为自己的违规行为找了很多理由。我耐心听完他的陈述后，温和地问他："假如你是老师，你的学生在你的课上旁若无人地玩手机、打游戏，你会怎样做？"他愣在那里，低着头，没哼声。我知道小敢是知错不认错，内心在进行着激烈的思想斗争，于是接着说："把本应该用来学习的时间去玩手机打游戏，明知不可为而为之，缺乏自控能力，导致成绩由班里的前几名变成班里的最后的一名，你认为在这个事情上没有过错？按学校《手机管理公约》应该怎样做才是正确的？难道已经是高二的你不知道？每一个学生都要对自己行为负责，只要违规都要承担违规的责任，接受处罚，所有的学生一视同仁。如果视学校的规章制度如无物，不听老师的教导，知错不认错，会让自己错上加错，导致更严重的后果，不但会影响学习，甚至会影响自己的前途，将来会后悔莫及"。小敢听了之后，小声说："老师我知道自己的行为是错误的，但我总控制不了自己，请老师原谅！"我见他态度转变后，又跟他约法三章，明确"法律大于人情"，以后如有违纪现象将严惩不贷。这次以后，小敢的学习状况明显好转，慢慢开始以积极的态度投入到学习了。由此可见，刚柔兼济来对学生进行思想教育工作，比单纯处罚学生，或以罚代教、以高压手段对待学生更有教育的效果。此处所言之"刚"，既是一种对学生所犯的大原则型的错误采取狠抓不放而并非视而不见的执着态度，也是结合学生的生理、心理、家庭教育等多方面情况，分析学生犯错的动机与缘由的严谨态度，更是一种找准解决问题的切入点与纠错重心，一针见血地实施教育的策略与方式。而所谓之"柔"，是一种以生为本、以尊重学生人格为前提的教育理念，亦是一种凭情感与技巧来拉近师生距离，弱化学生"设防"心理，令其由被动受罚变为主动甚至认错改错的教育艺术。综上可见，纠错教育中"柔"以"刚"为准则，"刚"因"柔"成事，两者有度并施，才可达成良果。

3. 控制情绪、知错认错

著名教育家苏霍姆林基曾说："教师最大的幸福与快乐就在于与学生的交往，因为你的每一步、每一句话，你的眼神，甚至于你的目光一闪或者一抬手，这一切都会深深地留在学生的记忆中。"的确，老师的每一言一行都传递着一种信息给学生。而学生希望得到的第一个心理体验是安全感，这令他不必担心老师的要求前后不一致，不必担心老师因情绪的变化对学生的各种管理措施朝令夕改，学生需要从老师那里得到稳定的情感支持与心灵慰藉。所以作为班主任首先要管理好自己的情绪，学生才能与一个表里如一、言行一致的老师沟通，老师才能引导学生在学习生活上进行健康的自我情绪管理。班主任在这方面要起榜样示范的作用，才能给学生传递正能量，才能起到较好的教育效果。

有一次，我在班组里公开批评了高二8班的几个玩"恶搞"游戏的学生，当天放学后，小刘找到我，愤愤不平地说："老师你冤枉我了，我不是这件事情的参与者，而是受害者，我是被迫参与的，你这样批评我是不对的，叫我以后怎么去面对同学呢。"面对激动得差点哭起来的小刘，我回想着刚才是不是自己用词用错了，把参与者和被参与者都同样对待，一并处罚了，没分主次的处理方式是不是简单粗暴了一点？想到这，我轻轻地对他说："不要生气，你现在提出自己的意见是非常好的，以后有什么事情可以继续和老师反映，老师刚才也有做得不对的地方，老师不够细心，伤害了你的自尊心，我明天在班里再澄清一下这件事，说明你是一个被参与者，还原更真实的情况，好吧？"我一边说，一边思考着，玩低级趣味"恶搞"游戏的这几位同学，无论参与者和被参与者其实都有责任，于是我告诫小刘说："'恶搞'游戏中的这几位都是平时和你关系最要好的'哥们'，你们经常相互'恶搞'，而且你对这些游戏不以为耻，还乐在其中，造成了极其恶劣的影响，你认为在这件事情上你自己要不要负一定的责任呢？"小刘低下头说："老师你说的对，之前有同学被'恶搞'的时候，我不以为然，现在轮到自己被这些要好的同学当众'恶搞'，我才深刻地认识到这种行为的确让人很难堪，我以后再也不玩这些低俗的游戏了。"我观察到，小刘思想已经有转变了，紧接着说："这件事启示我们交朋友时要做到'友直、友谅、友多闻'，交友要交'益友'，不是'损友'，否则会让自己也误入歧途，且朋友间要有正确、及时的督促、提醒，互相帮助，彼此向更好的方向发展，这才是交友的真正意义，否则，要朋友来有什么用呢？"小刘听了之后也反思了自己刚才的行为，主动说："老师刚才是我态度不好，对不起。"自此以后，小刘和我建立了良好的师生关系，他经常向我反映班里的情况，后来当上了班里的学习委员，学习成绩也显著提高。由此可见，班主任在处事不当时，能勇敢地说声"对不起"，这种豁达的胸怀，有利于引导学生勇于承认错误，取得学生的依赖与支持，增强自身亲和力乃至班主任的整体威望与魅力，从而在班级管理工作上可以取得意想不到的效果。

总而言之，作为班主任只要站在讲台上，首先就要全身心地投入教育教学工作中，要身体力行，在言行举止上，做学生的表率。教育学生的过程不是吹糠见米、立竿见影的，而是要经过一个反反复复的教育实践过程，需要教师更多的耐性和信心，需要老师讲究教育的艺术。也就是说，要做好一名班主任，教育好学生，首先要班主任在教育实践中不断探索不断走出教育事业工作中的误区，班主任工作之路才会越走越宽，越走越顺。

在班级管理中，充分借助心理因素运用到实际工作中，使我更贴近学生的内心世界，更容易满足现代的"新新人类"被理解被尊重的需要，给我带来了很多便利，也进一步推动了班级良好的班风、学风的形成与发展。最为根本的意义，则是培养了学生健康平和的心理、与人和谐相处的能力、自律自觉的自我管理等健康生活、自主发展的核心素养，为培育学生全面发展的健全人格奠定了人生的基石，是值得今后继续践行的育人理念。

第三章

磨砺　绽放

高三年级——广博胸襟、卓越能力

火热的八月拉开高三的大幕，摩拳擦掌，同学们不再轻狂，而是默默地，默默地和同桌的他、隔壁班的她较起劲来，从8月1日的入境教育开始，同学们又一次扬帆远航。

高三的节奏非常强劲，学习生活单调而繁复的日子，每周一次的主题班会课也成了同学们前进路上的加油站。一次次的大型主题活动串联起来同学们庸常的时光，让同学们不负青春的豪情与梦想。

"为了高考！我们拼了！拼了！拼了！"百日誓师时的誓言格外铿锵。

成人礼上，当同学们齐声向父母致谢时，是否看到父母眼中盈眶的热泪，当同学们紧紧拥抱父母的时候，是否注意到他们头上的白发，脸颊上的皱纹，从那时起，同学们才明白何为责任，何为感恩。

高考还是如期而至，同学们说：

所有的老师都像自己的亲人，我们的老师，在平时，也像亲人一样关心、爱护着我们。爱你们，我最亲爱的老师。

在邡中的日子里，尝尽了成长的滋味，不管是酸甜还是苦辣但最终都将化作一句句感谢与祝福，其实，在不知不觉中，我们已经走了好远。

"长亭外，古道边，芳草碧连天。"歌半，泪落。懂得了微笑不如电灯昂贵，却比电灯灿烂；也终于明白，成熟不是人的心在变老，是泪在打转还能微笑。

再见了，老师们，同学们，无论黄昏把树的影子拉得多长，它总是和根连在一起！

再见了，亲爱的邡中，无论我走得多远，我的心总是和母校连在一起！

我们就要红、黄、蓝！！！

——邝中高三寒假的颜色

教育背景：今年的寒假是高三历史上最长的寒假，是高三生的最后一个寒假，也是高三生"弯道超车"的最后一次机会，意义重大！过完寒假马上就是广州一模，这是除了高考外，对广州高三学子最为重要的一次考试！孩子们能否取得自己理想的成绩，完胜一模，提振信心，很大程度上取决于他们能否利用好这21天的寒假！

为了广州一模的凯歌悠扬，为了18届高考的完美绽放，寒假期间，老师、家长和孩子必须在共同目标的引领下，各司其职，精准配合，全力以赴，实现合力最大化，才能让孩子有一个收获满满的假期！

一、红色：赤子之心追梦似火激情拼搏

不忘初心，方得始终。只有拼出来的奇迹，没有等出来的辉煌。为了圆梦大学，也为了成就教育的初心，寒假前我们的同学和老师就已经为寒假做了充分的准备！

先是全体同学完成了两周的在校自主学习，特别是第二周时，天气陡然转冷，但是寒流只能冻冷同学们的双手，却不能冻冷同学们追梦的赤子心，踏晨曦而来，随夜色而归，绝大部分同学都能严格要求自己，认真投入到学习中，为高考的成功积淀力量！

新年越来越近，学校不能提供自习室给同学们的时候，我们还是有很多同学多次诚恳地向老师提出申请，要求回校自习，以更好地利用时间完成寒假作

业，备战广州一模！

我们的老师更是根据学情精心布置了具体到每一天的寒假作业，内容针对性强，力求学生能在夯实基础，完善学科知识体系的基础上、提升能力的基础上有效增分，有些学科还充分利用学习APP或是网络资源进行线上和线下双重练习，创新了学习方式，调动了同学们的学习积极性。

另外，由级组牵头，各班组建"21天训练营"，帮助学生进行寒假自我管理。级组印发《21天训练营手册》，鼓励孩子们组成学习团队，每天填写《21天训练营手册》并拍照上传班群，接受老师和同学的监督和鼓励，一起进步。各班还特别关注临界生的寒假学习情况，组成临界生专门群，科任老师进群，及时解答学生问题。

二、黄色：要理性也要温情拼搏路上不孤单

孩子，我们不只关心你飞得高不高，我们也关心你飞得累不累！请放心，不管前进的路上有多难，我们都会陪着你，给你像黄色一样明亮的温暖！

我们布置作业时，每个科目都至少留出了大年三十和大年初一的空档，过年这几天的作业内容换成了"新年快乐""新年吉祥，万事顺意""开开心心过年，健健康康成长""吃饱喝足加油干"等祝福语，表达老师对孩子们的祝福和期望，也给孩子们时间去体会年的意义和味道！

我们《21天训练营手册》中每一天都设有"每日金句"和"家长寄语"栏目。"每日金句"是老师每天送给学生的鼓励性的话语，"家长寄语"是请家长每天给孩子写一句激励性的话语，我们想通过老师和家长的鼓励，帮助孩子一天天坚持下来，过一个充实的寒假！

在孩子们回校自习的时候，级组管理团队，还有梁沛贻、罗伟等班主任老师都会抽空回校看看孩子们，了解孩子们的需求以及时解决。

我们的老师也会在班级微信群中发信息鼓励孩子，成为孩子成长路上的鼓掌人！

三、蓝色：泰山崩于前而色不变了，麋鹿兴于左而目不瞬

蓝色是天空和大海的颜色，蓝色意味着广博，也意味着沉静！因为有了执

着的信念，有了温暖的力量，所以不骄不躁，心静如水，稳步向前！这是目前一部分同学表现出来的状态，也是我们对所有同学的期望！

假期进入第二天，虽然寒潮依然肆虐，虽然家里有很多的诱惑，但是我们的很多同学无视严寒，抵制住了诱惑，坚持完成每天的作业，很多班群里已经出现了晒作业的热潮，大家相互鼓励，共同进步，把辛苦酿成了甜蜜！

图1　学生假期作业

我们也期待还没有加入晒作业队伍的同学不要"落伍"，赶紧加入到勤学上进的队伍中来哦！

总之：红、黄、蓝是三原色，可以变化出任何一种我们想要的颜色；寒假里有了红、黄、蓝三种颜色，我们一定会收获我们最想要的色彩！备考路上有了红、黄、蓝三种颜色，我们一定能描绘出高考最美的画卷，灿烂邡中，闪耀六月！邡中高三的学子们，一起加油吧！

祝福高三学子18年身体健康，心灵丰盈，金榜题名！

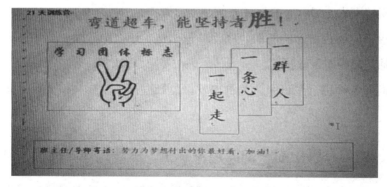

图2　21天训练营封面

教学实践一："凝心聚力，备战高考"主题班会

【活动目的】

高三的学习强度大，压力也大，如能全班同学齐心协力备战高考，和谐的同学关系会使学习效果事半功倍，但如果班会课都是说教形式，效果不会很好！因此设计成活动课程，让学生在活动中感悟，促进小组合作，培养和谐的同学关系。

【活动准备】

准备一些针线、遮掩布、障碍物（扫把、拖桶）。

【活动场地】

教室。

【活动过程】

（一）活动导入，激发愿望

1. 活动过程

（1）请同学们伸出手，给你隔壁的同学一次温暖的握手。

（2）请张开双臂，给你隔壁的同学一个温暖的拥抱。

（3）全班同学一起参与活动，气氛开始活跃起来。

2. 感悟分享

师：和同学握手和拥抱，你有什么感觉？

生：有种很温暖的感觉，肌肤相连，心灵相通。

3. 教师小结

当我们在传递温暖的时候，我们就在扮演着"使者"的角色——传递温暖的使者，传递幸福的使者。我们高三9班是一个大家庭，希望家庭的每一个人在

集体里都能传递温暖，让我们感受到集体的幸福。在集体中我们不仅要做传递温暖的使者，更要团结、协作、互相帮助，下面让我们感受一下集体的力量。

（二）活动体验

小活动一：蒙眼跨障

1. 活动过程

教室中间预留一定的空间，在前后三个位置摆放障碍物，每一小组派一代表跨越障碍，先给10秒钟记住障碍物的位置，然后蒙上眼睛，从教室后面成功走到讲台，以不碰到障碍物，并且用时最短的为胜，其他小组成员可以提示该同学如何成功绕开障碍物。

2. 感悟分享

要跨过障碍物，心理是很紧张的，很怕碰到障碍物影响小组得分，但在同学的帮助下心理多了几分淡定，在大家的指引下成功跨越了障碍，非常激动，感觉团队的力量。

3. 教师点拨，引出主题

我们备考路上（人生道路）会遇到很多困难、很多障碍，但靠个人的力量是非常有限的，有团队的帮助我们做事会事半功倍，更容易取得成功，希望大家要团结一致，互相帮助，携手共进，跨越高考这一难关。

活动二：拉力比赛，改变认知

1. 活动过程

每组选派一个代表，两人一组进行拉力比赛，把对方拉到自己一方一次计10分，时间30秒，最终得分最多的小组获胜。活动过程中，各位代表为了赢得比赛都不遗余力地努力把对方拉到自己一方，结果都很辛苦。

2. 感悟分享

我们与他人相处时，如果对抗的话会把自己弄得很辛苦。

3. 教师点拨，引出主题

在备考过程中，除了这种通过竞争打败对手的方式，有没有更好的方式实现两者的共赢呢？合作，拉力比赛，如果两者采取合作的态度，我轻轻一拉，你跳过来；你轻轻一拉，我跳过去。这样并没有违反游戏规则，那大家都可以得分，这是双赢的结果。

在学习和生活中，同学们之间不仅需要竞争，更需要合作。如果我们能改变这种战胜对方的观念为合作、双赢的观念的话，我们更容易取得成功。比如，有些同学英语不好但数学很好，而有些同学英语很好但数学不好，如果合作帮助对方的薄弱环节，那是双赢的。大家都会取得更大的进步。

活动三：穿针比赛

1. 活动过程

每个小组成员按顺序排好队，然后分给每个小组一根针，一条线，接力穿针，第一个同学成功把线穿过针孔后传给下一位同学，如此接力，最快完成的一组为胜。

2. 感悟分享

穿针的时候很紧张，手一直在抖，很怕穿不过去，幸好有同学鼓励，终于把线成功穿过针孔，好开心。

3. 教师点拨，引出主题

在遇到困难或是重大事情时，我们不免会紧张、会害怕，这时，除了自己要镇定，有一颗平静的心冷静解决问题外，同学的鼓励会让我们更有信心去面对困难，我们的备考也如此，需要互相鼓励、支持！

活动四：甜心运动

1. 活动过程

每人分3颗糖，把糖送给你想要感谢的人，要求在送糖时说出你感谢他的原因，活动结束后手中的糖都是来自他人的。全班一起行动参与送糖活动。

2. 感悟分享

（采访几个同学）

刚才送糖对别人表示感谢的时候，你有什么感受？

刚才有人送糖给你表示感谢的时候，你有什么感受？

学生：感谢别人的时候，再次想起他人曾经对自己的帮助，心里仍旧充满了感激和温暖、幸福的感觉；被感谢的时候才知道原来举手之劳的帮助也可以让人感觉那么幸福和温暖，以后更要多帮助别人。

3. 教师点拨，引出主题

大家在送糖的时候让我感觉到，我们的集体是那么的温暖和令人感动，我们的身边从不缺少幸福。幸福，在于发现，源于感恩！

（三）最后总结

四个活动都让我们感受到了集体的力量，高三的学习强度大，压力也大，如能全班同学齐心协力备战高考，和谐的同学关系会使学习效果事半功倍，愿我们高三9班在备考之路披荆斩棘，最后祝大家金榜题名！

【活动反思】

调动学生积极参与，促进学生自主发展。

传统班会课的上课形式基本上是老师的一言课堂，而内容主要是学校、年级任务的上传下达，或者是班主任的说教，把班级的问题说一下，还有就是把对班级的要求进行灌输。这样的课堂形式让学生对班会课会产生一种误解，觉得班会课就是说教课，因此学生会很不喜欢班会课，也很不重视班会课，往往会把班会课当成是自习课。班主任在上面讲得滔滔不绝，学生在下面一心一意写作业，这样的课堂难以发挥班会在德育中的作用。

有效的班会课是我一直追求的效果，班级的管理任务重，工作烦琐，学生的思想容易有问题，班级的管理要有效，班级要和谐，既要促进良好班风的形成，又要营造浓厚的学习氛围。我把班会课设计成4个小活动，所有的活动都是围绕"团队协作，合作共赢"这一主题展开，主线索比较明朗，内容选材也比较符合中学生的特点，能够引起学生的兴趣，增加了趣味性，也使学生能从活动中受到启发。整个班会课堂气氛活跃，学生积极参与，小组竞争气氛浓厚，活动后学生都发表了自己的感想，课堂效果非常好，达到了预期目标。

十八大和十八届三中全会提出的关于立德树人的要求落到实处，2014年教育部研制印发《关于全面深化课程改革落实立德树人根本任务的意见》，提出"教育部将组织研究提出各学段学生发展核心素养体系，明确学生应具备的适应终身发展和社会发展需要的必备品格和关键能力"。核心素养的培养不仅渗透在学科的教学中，班会课也应该注重学生核心素养的培养。这节班会课不仅培养了学生的自主性，还学生能有效管理自己的学习和生活，认识和发现自我价值，发掘自身潜力，有效应对复杂多变的环境，成就出彩人生，发展成为有明确人生方向、有生活品质的人。在活动中学生勤于反思，正确认识了自我，促进了学生身心健康，特别是培养了学生的责任和担当。在"蒙眼跨障"活动中，一位平时心理素质差的学生李同学表现得非常紧张，在跨过障碍物时，他的脚一直在颤抖，最终在小组同学的指引下顺利通过了障碍物。这位李同学除了心理素质差，也缺乏团队意识，平时经常缺勤小组值日，校运会也很少为班级同学加油。但我觉得李同学在冷酷的外表下是有一颗炽热的内心的，但他个性内敛，不善于表达，也很害羞。因此我在设计小组活动时特意增加一个条件"必须要小组全员参与"，每个同学都要参加到活动中，所以一些平时不积极的同学也被邀请到竞赛中，因为涉及小组荣誉，每个同学都很投入，也很积极。经过这次的班会，我觉得李同学发生了很大的变化，主动帮助同学，也积极参与班级活动。可见，通过这次的班会，不但培养了学生的自主性，还培养了学生的一种责任和担当，这些都是核心素养不可缺少的一部分。

这次活动型的班会让学生收获了很多，也让我深受启发，促使我在今后的教学中不断探索德育方法，提高德育水平。

教学实践二：惜时如金，百炼成钢

"竞争"和"成长"，"选拔"和"培养"，是高考的两元，高三的德育备考，必须铭记这是高考的初心，不能忽略其一。高三备考剩下最后一百天，班里的学生和家长都有较高的期望，这样伴随而来的也是更大的压力。一是学生考试焦虑，体现在对考分的过分看重，渴望自我实现与现实学业成绩的不理想而导致的认知不协调。二是学习动力不足，一方面学生都有提高成绩的需要，而另一方面，又容易产生浮躁、厌烦情绪，导致学习无动力或动力不足。而成绩的提升是需要效率的，效率来自科学的复习方法和正确的复习策略；有策略讲方法，才会有效果出成绩。因此，引导学生再次找准定位是关键，希望通过开展"惜时如金，百炼成钢"班会活动让学生缓解备考焦虑，激发学习动力，养成解决问题的正确思维、良好心态。

【活动目标】

1. 认知目标

（1）通过活动，使学生明确一百天的备考中策略比蛮干重要，坚持比突击重要。

（2）结合高三毕业班学习的特点，让学生意识到珍惜时间在学习过程中的作用。

2. 情感目标

通过音乐营造情境，用图片、视频展示情境、语言描绘情境等，让学生缓解备考焦虑，激发学习动力，提高备考热情。

3. 行为目标

通过本节班会课几个活动，让学生明确自己的目标，珍惜时间，善于利用时间，静心抑躁，专注备考，为梦想拼搏。形成良好的面对问题、解决问题的积极心态。

【活动准备】

（1）班主任引导两位主持人做好组织准备工作。

（2）48张白纸等教具。

（3）准备惜时视频。

（4）每位同学准备一个关于利用时间的故事，提前选好共享故事。

（5）收集有关时间的成语及名言名句。

（6）班主任制定"21天训练营"计划表。

（7）准备歌曲《时间》、誓词。

【活动过程】

（一）感受时间的流失

1. 班主任致辞

高三对于一个人的成长是非常重要的时间，在这段时间里，你们的身心和智力得到了很大的发展。转眼间我们备考的时间剩下了……

2. 活动1：揭牌仪式

先准备好用幕布盖好的倒计时100天的字，上课一开始，班主任开场白完毕后，揭开黑板上倒计时上的时间"100"。

3. 主持人开场

今天是特殊的日子，还有100天我们就要走进人生最重要的战场——高考，这将是一次对意志的考验，这将是对知识的挑战。

三年前，我们怀着对未来的美好憧憬，载着父母和老师的期盼，走进了校园，可是转眼间，两年半的日子已悄然滑过。

4. PPT展示（高三入学活动图片）

同学们，不知不觉高中生活只剩下100天，距离高考还有100天。100天，可以很短，弹指一挥间；100天，也可以很长，足以实现我们的理想。这100天就像黎明前的黑暗，为了理想，为了父母，我们要坚守，我们要拼搏，我们要努力。

设计意图：从回顾往事中感觉时间的稍纵即逝。

5. 主持人致辞

不经一番寒彻骨，怎得梅花扑鼻香。十几年的奋斗，十几年的汗水，还有100天就会得到检验，这是最后的冲刺，这是最后提升自我的机会。我们又有什么理由不去尽全力拼搏呢？在这100天，我们不需要空喊口号，我们只需要脚踏实地；我们不需要豪言壮语，我们只需要不懈努力；我们不需要过去的悔恨，我们只需要对现在的珍惜。只要我们不放弃，只要我们坚持下去，我们就有希望，我们就能成功。

同学们，从现在起，付诸行动，以最少的悔恨面对过去，用最少的浪费面对现在，用最多的梦想面对未来。我们要把百分之百的精力投入到备战高考中，一步一步坚定而平稳地走向高考，不是尽力而为，而是竭尽全力！

6. 小游戏

将一张纸分别写上早上6点到晚上12点，先将早上8到12点撕掉，再把下午14：30到下午6点撕掉，这些都是上课时间，都不是自己可以自由支配的，还要撕掉吃饭、睡觉等琐事的时间。由此看到剩下的纸条，仿佛看到了仅有的时间一样，以此感到时间的飞逝与稀少。

设计意图：感觉时间是有限而短暂的。

7. 观看视频

一分一世界——"高考迟到，母亲跪求"。

8. 谈感受

请三个同学分别谈谈刚才游戏的感受和看完视频后的感受。

设计意图：感受惜时，时间——世界上最快而又最慢、最长而又最短、最平凡而又最珍贵、最易被忽视而又最令人后悔的东西。一步步，一程程，已走了多远，永不停留，走过秒、分、时、日，又积成周、月、年、代。高尔基说过："时间是最公平合理的，它从不多给谁一分。"

（二）珍惜时间，把握好生命的每一分钟

1. 活动2：知识竞答五分钟

惜时的成语或名言名句

设计使同学明白时间的重要性，珍惜时间，才能做学习的主人；也只有做时间的主人，才能更好地合理安排学习时间。

2. 主持人致辞

我们只有把握好今天，把握好现在，才会无悔于我们的黄金时代。

时间是不等人的。想挤出时间不容易，但失去时间却很容易。无论迎着多少无奈，无论听着多少感慨，它从不因势而变，因人而异。凡是在事业上取得成功的人，没有一个不是珍惜时间的典范。

3. 歌曲演绎——时间，播放歌曲，分享歌词，一起唱响时间

设计意图：激发惜时的感情。

（三）有效利用时间

（1）PPT展示开学时的"21天训练营"计划表格，把自己设计的表格按照计划彻底完成了，部分完成分类，将没有实行的计划开始删去。

设计意图：回顾过去，明白惜时坚持比突击重要。

（2）主持人致辞：同学们，时间赋予给我们每个人的是非常公平的。不会多给你一分，也不会少给你一秒。珍惜不珍惜它，抓紧不抓紧它，就看我们自己。记住：今天应做的事没有做，明天再早做也是耽误了。

（3）欣赏几所高校：广州大学、华南师范大学、华东师范大学的师兄师姐的毕业照和活动照片。

设计意图：激发学生向往梦想学府的美好愿望，看到穿着邝中校服的师兄师姐们，可以让学生激情盎然，信心倍增。

（4）完善"21天训练营"计划表，制定更细致的增分计划。

（5）全班合唱《十八岁》，丁泰铭同学领唱。

（四）坚定惜时如金的信念

1. 百日宣誓

走进高三，我们经历着风雨，我们沐浴着阳光；

走进高三，我们砥砺着斗志，我们憧憬着未来。

今天，我们面对国旗，向着蓝天郑重宣誓：

纵然路有荆棘，途有坎坷，我们也会勇往直前；

即便太行雪拥，蜀道峰连，我们也会直挂云帆。

辛酸、痛苦，我们不怕，我们心中有梦；

单调乏味，我们无畏，志存高远。

高三鏖战终有日，六月鲜花为我开；

人生难得几回搏，吾辈今朝数风流。

没有比脚更长的路，没有比人更高的山。

十年一剑今朝试，鹏飞万里遂我心。

揽明月九天，取巨鳌五洋。

生命如虹，青春无悔；数日拼搏，志在必得。

2. 结束语

在生活中，我们往往不珍惜一分钟，觉得那是微乎其微、微不足道的，于是无情地耗费着生命。其实，只要把握好生命的每一分钟，也就把握了理想的人生。每分钟过得精彩，一生才会灿烂。

【板书设计】

惜时如金百炼成钢

高考倒计时上的时间"100"。

21天训练营

坚持奋斗梦想

数日拼搏志在必得

【课后反思】

通过这次活动，让学生知道时间是宝贵的，时间一去不复返，当时间紧迫时，不是焦虑急躁，而是要珍惜时间，讲究效率，做时间的主人，化压力为动力。

三班学生的学习状态不稳定，学生的性格比较急进，一遇到困难或挫折，很难适应，常常采用消极等待的态度解决问题，常常让时间在不知不觉中溜走，自己却一无所获。是想通过这个机会，为了让他们懂得时间是宝贵的，必须抓住分分秒秒。让他们懂得一分钟可以做出许多有价值的事情，并从实际的活动中得到真切的体会，面对压力，充分利用时间，加强时间观念，提高做事效率，克服拖拖拉拉的坏习惯，养成珍惜时间的好习惯才是化解压力的最佳办法。但本节课应该更多立足学生的心理基础，让学生更多地发表自己的意见和建议，根据自己显示出来的问题提出切实可行的方法方案。本节课的后半段，学生的激情被激发出来了，学习的决心也坚定不移，在后阶段如何保温，是我必须考虑的一个重要问题。初步的设想是将课上的激情昂扬的图片打印成纸质稿，张贴在课室的班务栏中，视频保存好，两周后再次重温誓词和班歌。"21天训练营"计划延续寒假的打卡制度，坚持每天让学生打卡并抽检个别容易松懈的同学，并且要利用后期的班会继续培养"惜时""用行动解决问题"的思维习惯，为高校培养合格的全面发展的人才做好准备工作。

附：

"惜时"故事

著名的教育家班杰明曾经接到一个青年人的求救电话，并与那个向往成功、渴望指点的青年人约好了接见的时间和地点。

待那个青年人如约而至时，班杰明的房门大敞开着，眼前的情景却令青年人颇感意外——班杰明的房间乱七八糟、狼藉一片。

没等青年人开口，班杰明就招呼道："你看我这房间，太不整洁了，请你在门外等候一分钟，我收拾一下，你再进来吧。"班杰明说着就轻轻地关上了房门。

不到一分钟的时间，班杰明就又打开了房门，并热情地把青年人让进客厅。这时，青年人的眼前展现出另一番景象——房间内的一切已变得井然有序，而且有两杯刚刚倒好的红酒，在淡淡的香水气息里还漾着微波。可是，没等青年人把满腹的有关人生和事业的疑难问题向班杰明讨教，班杰明就非常客气地说："干杯。你可以走了。"

青年人手持酒杯一下子愣住了，既尴尬又非常遗憾地说："可是，我、我还没向您请教呢……""这些……难道还不够吗？"班杰明一边微笑着一边扫视着自己的房间，轻声细语地说，"你进来又有一分钟了。""一分钟、一分钟……"青年人若有所思地说，"我懂了，您让我明白了一分钟的时间可以做许多事情、可以改变许多事情的深刻道理。"

班杰明舒心地笑了。青年人把杯里的红酒一饮而尽，向班杰明连连道谢后，开心地走了。

"惜时"名句

裴斯泰洛齐和卢梭说：浪费时间是一桩大罪过。

请问哪位同学知道关于珍惜时间的名言？请即席发言，让同学们扩展知识面。

只有把握住今天，才能开创明天。

——郭颖灏

时间对每个人都是公平的，就看你是将它创造精彩的生活，还是消磨在无聊之中。

——郭颖灏

时间是构成生命的材料，浪费时间，就是在践踏生命。

——郭颖灏

对庸才而言，时间一文不值，但在开拓者眼里是无价之宝。

——郭颖灏

财富不仅仅是金钱，真正的财富实际上是不经意间从你手中不断流逝的时间。金钱能够给你带来的是物质上的富足，往往换不来幸福和快乐，而时间呢，只要你争分夺秒地把握它，那么，你将得到充实而有意义的生活。

——郭颖灏

时间在闲话中渐渐流逝，生命也随之不断暗淡。

——郭颖灏

拥有财富的人未必读懂人生，把握时间的人，才可能领悟人生的真谛。

——黄思琦

不要沉湎于昨天，一切从今天开始，把握今天，等于掌握未来。

——成易凡

时间的步伐有三种：未来姗姗来迟，现在像箭一般飞逝，过去永远静止不动。

时间是每一个人都可以花费的最昂贵的东西。

守财奴将金钱当作命根，勤奋者把时间视作生命。

过去属于死神，未来属于自己。

时间是由分秒积成的，善于利用零星时间的人，才会做出更大的成绩来。

——华罗庚

在所有的批评家中，最伟大、最正确、最天才的是时间。

——别林斯基

要找出时间来考虑一下，一天中做了什么，是正号还是负号。

——季米特洛

主持人：名人名言伴随着一代又一代青少年成长，我希望刚才同学们说的名人名言也能够成为同学们今后人生路上的指路明灯，指引我们不断前进。

教学实践三：凝神聚气，冲刺百日

【活动理念】

离高考只剩100天，学生经过高三上学期的学习后，有的学生目标开始动摇了，学习也没有像高三刚开学那样积极主动。而且，学生两极分化更加严重，后进生信心不足，甚至想放弃，而尖子生则有点盲目乐观，过于自信。因此，借着离高考只剩一百天之际，在年级举行了百日宣誓仪式之后，很有必要在班级进一步强化学生的三个意识，即目标意识，惜时意思以及考点意识。

【活动目标】

1. 知识目标

通过活动，使同学进一步明确自己在高考中的责任和担当，真正把有限的时间放在可以提升的考点上面。

2. 情感目标

通过活动，使学生体会、认识到高考改变人生的重要意义。

3. 行为目标

通过活动，使同学们能珍惜时间，把精力全部投入到学习中去。

【活动准备】

（1）准备介绍成长型思维视频《Not Yet》。

（2）准备班级誓词。

（3）制作本节课PPT。

【活动过程】

（一）回顾年级百日宣誓

师：年级百日宣誓，活动丰富，内容丰满，相信我们都受到很大的感染和鼓舞。校长的发言给了我们自信，我们坚信付出必有回报，坚信有准备，一切就会水到渠成。而谢主任，也是我们班的数学老师，作为家长代表，从家长和老师的角度，给了我们很多中肯的建议。另外，学生代表曾伟锋同学的发言，让我们从他成功的例子中学习到，只要你肯努力，全世界都会给你让路。身边的事例，更值得大家学习，也更有说服力。因此，让我们再一次回顾年级百日誓师的内容，大家来谈谈哪些场景和话语大家还非常有印象。

生1：每个班的家长代表，组成一个队伍，激情朗读了散文《一百天》，让我强烈感受到父母对我们的期望和嘱托。他们声音洪亮，激情四射，铿锵有力的声音让我们备受鼓舞。

生2：曾伟锋同学的发言让我印象最为深刻，因为他用行动证明，用汗水证明，付出才有回报，怎样的付出就会有怎样的回报。他作为体育生，能够在体育考试中取得如此优异的成绩不是偶然的，而是每天艰苦的训练，每天汗水浸湿的衣服是行动的见证。因此，最后100天，一定要全力付出，才能达到理想的彼岸。

生3：数学老师提到的十点建议，我印象最深刻的是"一定要研究各个科目的标准答题模式！"，这些标准既是阅卷的标准，也是答题的标准。多研究，才能在考试中避免因非智力因素失分，减少失分，就能增加总分。

三位同学说明了他们在这次活动中非常有收获，分别从家长，同学和老师层面谈了自己的活动感受，也希望他们时常回忆这次活动，尤其是当自己茫然或者思想动摇的时候。高考只剩100天了，但我们还有100天的复习时间吗？下面，我们就来算算时间，请大家准备一张纸。

（二）计算复习备考时间

师：大家一起计算时间。100天，大概有15周，除去周日，还有多少天？

生：除去周日，还剩大概85天。

师：如果大家现在每天只能睡7个小时，那还剩多少天呢？

生：85*17/24=60，一下就少了25天啊，睡觉都要睡25天？

师：那如果再分配给6科，每个科目还剩多少天呢？

生：差不多就剩10天了。

师：如果再分配给那些需要巩固的考点，需要背的公式定理，那剩下的时间就更少了。因此，我们好像还剩100天，但我们刚刚算下来，其实我们剩下的时间还多吗？

生：哎！这样一算，时间好紧张啊！还有那么多考点没有掌握好。

师：因此，我们要把有限的时间分配到那些可以提分，可以通过练习搞定的知识点和考点上。对于不同的基础，不同的学科，一定要熟悉考点分布，根据历次考试考点的答对情况，挑选一些突破点。比如英语，可以根据不同的题型去查看考点的掌握情况，例如写作主要包括以下几个考点：一是语篇层面（分段与结构，连贯与衔接）；二是词汇层面（基础词汇拼写，5个基本句型）；三是语法层面（搭配，时态语态）。因此，学生要知道自己的问题考点在哪里，并在有限的时间里，对症下药，有针对性的突破，才能在总分上增长。

另外，我们也要认清现实，找到梦想与现实的差距，合理修改自己开学定的目标，那我们来看看当初的梦想吧！

（三）梦想与现实

师：还记得高三开学初，我们都写下了自己的梦想。那我们现在拿出自己的大学梦想，再对照一下最近的考试成绩，有多少同学已经实现了自己的梦想呢？

生：几乎没有同学举手。

师：那为什么我们离自己的梦想还有距离，甚至是很大的距离呢？大家可以从下面几个方面进行讨论和反思：行动欠缺、盲目自信、缺乏动力、态度问题等。我给大家5分钟时间自己反思一下。

生1：我觉得我当初是盲目自信，觉得自己考一个本科完全没有问题，但几次的成绩下来，我都离本科线差10分以上。这说明我当初没有认识到考一个本科也需要非常大的努力。

生2：我认为我是行动比较欠缺，只是谈理想，但没有具体的行动去实现自己的理想，每天还是和高二一样，比较懒散，偶尔还趴桌子。因此这也给我一个教训，理想必须建立在行动上。

生3：我认为我是缺乏动力，导致我现在离梦想比较远。我的梦想是北京师范大学珠海分校，但听说它已经升为重本之后，就觉得自己肯定考不上，慢慢就失去了学习的动力。但这并不能成为我不去努力的理由，因为还有很多类似的学校可以报考。

师：通过大家的分享，我们查找到了自己的问题，也为我们最后这100天明确了奋斗的方向。高考的路在于每一步都稳稳当当，不能投机取巧，不能三天打鱼两天晒网。最后100天，每天都要重复昨天的努力，重复而不觉得枯燥，因为有梦想在支撑着我们前进。100天，时间很短，但我们还是可以改变很多，分数还能提高很多，没到6月8日下午出考场，我们都不能放弃。

（四）一切都不算晚，只要继续努力

师：下面大家观看视频《Not Yet》，理解成长型思维对我们备考的启示。

生：认真观看视频，理解成长型思维在备考中的运用并简单写下自己的感受。

（五）班级集体宣誓

离高考仅有100天，我们宣誓：

用汗水和试卷浇灌希望！找准增分点，突破弱科！专注高效，控制情绪！铭记理想，砥砺前行！勤思善问，加强训练！告别"三闲"，远离庸俗！努力在当下，我们必胜！I can accept failure，but I can't accept not trying!

为了高考的胜利我一定要做到以下十点：

（1）上课一定要认真听！

（2）一定要改进我的书写！

（3）一定要把语文学好！

（4）一定要把深恶痛绝的作文写好！

（5）压力大或者疲倦的时候，一定要挺住！

（6）一定要研究各个科目的标准答题模式！

（7）千万不要认为1分不重要！

（8）数学多动笔，多做题！

（9）平时乖一点吧！

（10）一定要坚持每天运动！

（六）班主任小结，回归日常

行百里者半九十，我们已经剩下最后100天了，这个时候千万不能放弃。面对手机诱惑，我们继续保持良好的习惯；面对学习上的困难，我们咬咬牙坚持；面对各种负面情绪，我们正念冥想，不让负面情绪控制我们；面对堆积如山的试卷，我们把握考点，反思掌握程度，查明高考要求，以游戏通关的理念，反复练，练反复，最后完成通关！也希望大家遇到困难，多和班主任及科任老师沟通，我们是你们坚强的后盾，让我们团结一心，奋斗高考！

【活动反思】

1.采用的活动形式梳理

本设计主要采用了模拟场景，案例分析与讨论，以及视频播放等方式设计本次班会课，让学生在不同的活动中，体验高考冲刺的必要性，以及提升自己的社会责任与担当意识。

2. 活动效果

本次班会课达到了预期的活动效果，主要体现在以下几个方面。一是学生参与度高，积极思考高考对于他们自己的意义；二是学生在观看视频的过程中，有所收获，并能讲几点观后感，对于改变他们的想法，提振他们备考的信心有比较大的帮助；三是学生在计算时间的活动中，体会到了时间的紧迫性，明白了这个阶段时间不是按照天数来算，而是应该算到每个科目，每个知识点还剩多少时间来巩固和提升，有利于他们改变只看天数过日子的想法，而应该把有限的时间放在可以提升的考点中来，这也是提分的关键。

3. 本课所能提升的核心素养

本设计主题指向核心素养之"责任担当、社会责任"，即通过高考来强化学生的担当意识及社会责任。学生在高三上学期进行了成人礼仪式，学生逐渐意识到自己作为成年人应该有的责任及意识，高三下学期的百日宣誓后，这种责任与担当意识继续强化，提高学生的内驱力，努力在高考中实现自己的人生价值。高三的学生经过上学期的学习，有了些许疲态，对自己的目标没有高三开学初那么坚定，有一些甚至想放弃。因此，在这个节点，鼓舞全体学生的士气，提高自信，坚定方向，让学生看到希望是班会的主题。围绕这一主题，学生通过计算时间，明确了下阶段必须提高效率，才能最大化利用好时间。通过回顾自己的梦想与现实，找到问题所在，及时调整备考的方向。通过观看视频，给学生打气，不到最后一刻，高考这个游戏都还没有结束，都还有机会去改变结果。因此，最后100天，奋斗才能看到希望，全班一起奋斗，备考的氛围才能越来越好。

4. 设计优化方向

本节课虽然达到了预期的目标，但是老师主导的内容过多，留给学生思考和反思的时间不够，导致学生没有针对自己的备考问题进行反思和总结，应该留出五分钟时间给到学生通过发言或者写笔记的方式记录本节课对于自己备考的指导意义。

自强不息扛责任　胸怀梦想有担当

——记邝维煜纪念中学2017年高三成人礼

　　天正蓝，风正清，红旗冉冉，苍穹之下，我们庄严地举起右手，同学、老师、父母为证，今天，我们成人了！"弃尔幼志，顺尔成德"，从今天起，做崭新的自己，怀感恩之心，养浩然之气，做一个有担当的人！

——题记

　　2017年10月29日注定是一个被书写被纪念的日子，今天，邝维煜纪念中学高三级全体老师、家长、学生汇聚邝中足球场，为18岁的高三学子圆满举行了邝中建校以来最盛大的成人礼仪式！

一、准备篇

　　暮色四合，华灯拉长了正在数蓝丝带的同学的身影。为了这次活动能够顺利举行，周五下午我们的班干部就开始了筹备的工作。

图1　活动筹备图（1）

图2　活动筹备图（2）

图3　活动筹备图（3）

二、开礼篇

下午3：00，金秋的阳光洒在鲜红的舞台上，桂冠礼的主人——家委会会长刘先生首先被邀请入席，主持人又把主宾林志聪校长请上舞台，随后嘉宾一一入席，仪式正式拉开了帷幕。林校长、刘先生以及刘先生的孩子分别代表老师、家长和学生做了发言。

老师、家长的真诚祝福与殷切期盼，孩子成长的喜悦与承担的承诺随着秋风传到邝中校园的每一个角落，刻进每一名高三学子的心里。

三、感恩篇

心要让你听见，爱要让你看见，有些话说不出口，那就让纸和笔传递我对你说不完道不尽的爱吧。

当家长和孩子当场阅读对方写给自己的信时；当孩子接过父母郑重递过来的成人礼物时；当父母听到孩子说出"爸爸妈妈，我爱你们，谢谢你们"，接受孩子们深深的鞠躬礼和炽热的拥抱的时候，一起走过18年春秋的人热泪盈眶，那是爱与爱的碰撞，那是心与心的交织，那是无尽的期望与无言的承诺：放心吧，我长大了！

图4　爸爸妈妈，我爱你们，谢谢你们！（1）

图5　爸爸妈妈，我爱你们，谢谢你们！（2）

传递感恩、关怀、鼓励和爱的蓝丝带活动再一次掀起了在场所有人感情的波澜。一条条蓝丝带在学生、家长、老师的手里传递，一个个温暖动人的场景在脑海里浮现，一股股暖流在心间流淌。蓝丝带让我们的心靠得更近，也会让我们的步伐变得更有力，让我们的道路走得更宽广！

图6　学生为家长和老师系上蓝丝带（1）

图7　学生为家长和老师系上蓝丝带（2）

四、责任篇

在听完海音导师的励志引导后，高三学子纷纷写下了在成人礼上想对自己说的话并贴在班级的梦想牌上（见图8、图9），十八而志，从今天起以一个成人的标准要求自己，无惧风雨，扛起自己身上的责任！

图8 学生写班级梦想牌（1）

图9 学生写班级梦想牌（2）

　　最庄严的时刻来到了，全体高三学子面对在风中飘扬的五星红旗，举起自己的右拳，用自己最洪亮的声音，喊出自己成人的誓言：苍穹之下，父母为证，师长为证，同学为证，国旗为证！十八立志，放飞青春！志存高远，怒放生命！（见图10、图11、图12）

图10　庄严宣誓（1）

图11　庄严宣誓（2）

图12　庄严宣誓（3）

五、梦想篇

和父母手牵着手，和同窗肩并着肩，我们走过成人门，走进人生崭新的篇章；怀着神圣的感情，带着自信的笑容，我们在年级梦想墙上签名，写下我们对生命的承诺！饱含着炽热的感情，虔诚地伸出双手，我们接过成人证书，铭记这意义非凡的日子！

图13　一起走过成人门

图14 梦想墙上写下自己的梦想

100只象征着生命和梦想的白鸽从我们手中飞向天空，《怒放的生命》的乐曲在空中回响，我们像鸟儿一样伸出双臂跟着节拍尽情地挥舞，那一刻，我们高呼"今天，我成人了"，那一刻，生命在恣意地舒展，生命在怒放！（见图15、图16、图17）

图15 放飞鸽子（1）

图16　放飞鸽子（2）

图17　放飞梦想

活动在邵主任的深情总结中完美落幕！讲话过程中爱生如子的邵主任曾几度哽咽，近千个日夜的辛勤付出，只为孩子们能够长大成人，能够实现自己心中灿烂的梦想！而今天，在这样神圣的时刻，怎能不感慨万千！谢谢您，我们最最敬爱的邵主任！您，辛苦了！

成人了，我们定能够像大树一样扎根于黄土，伸枝于苍穹，任凭狂风暴雨，我自岿然屹立，坚毅地站成一个大写的"人"！

图18　一起来个大合照

燃青春　磨利剑　战百天　夺桂冠

——记邝维煜纪念中学18届高三百日誓师大会

【活动准备】

2018届高三百日宣誓活动方案。

时间：2018年2月27日下午4：10～5：40，距高考100天。

场地：体育馆。

主题：燃青春磨利剑战百天夺桂冠。

横幅一：厉兵秣马洪荒之力奋战百日，吐气扬眉快哉之情喜迎桂冠（主席台上方）。

横幅二：心无旁骛追梦之旅敢主沉浮，志存高远高考路上绝不吃瓜！（左侧栏杆）

横幅三：邝中人天不怕初心不忘闯天下，有志者事竟成百炼成钢誓称雄！（右侧栏杆）

参会人员：林校、谭校等校级领导、高三全体教师和学生。

主持人：由学生担任，暂定9班李安民、黄诗琪。

位置安排：

（1）舞台：设置发言台一个，话筒两个。

（2）主席台：林校、谭校、学校其他领导、邵主任、教师代表、家长代表、学生代表（个人发言结束后可撤掉主席台）。

（3）高三老师：主席台后面两列。

（4）各班学生，每班4列组成方阵，第一排从东到西1-7班；第二排从东到西8-14班。

表1 活动现场位置表

舞台						
主席台						
教师席						
7班	6班	5班	4班	3班	2班	1班
14班	13班	12班	11班	10班	9班	8班

会场布置、邀请家长观礼、林校、教师、家长、学生代表发言稿、主持人主持词、音乐。（《义勇军进行曲》、进场五月天《勇敢》、结束beyond《海阔天空》）

【活动流程】

（1）主持人宣布大会开始，全体起立，奏唱《国歌》。（4分钟）

（2）林校讲话。（5分钟）

（3）教师、家长代表发言。（谢主任）（5分钟）

（4）学生代表发言。（3班曾伟锋）（5分钟）

（5）体艺生：我的备考故事说给你听（请体育、音乐、美术各一位学生代表，由主持人通过现场采访的形式让他们聊一聊他们备考中的一些打动人的细节，问题提前设计好）。（10分钟）

（6）老师宣誓。（领誓人：杨小宝级长）（3分钟）

（7）重新授旗（提前把各班班旗收回放在舞台，由林校、谭校等领导重新授班旗给各班，授旗同时表达对各班的期望和祝福）。

（8）各班宣誓。（领誓人带班旗到舞台领誓，班级其他同学全体起立一起宣誓）（30分钟）

（9）各班派代表挥旗绕场两周跑。（从1班至14班每班派一名代表在舞台排成一列挥舞旗帜绕场两周跑，全体同学同时在主持人的带领下高呼：我们必胜，邝中必赢！）

（10）活动结束，邵主任总结发言。

【活动过程】

图1　邝中18届高三百日誓师大会

前面的水很深！——我们蹚过去！

前面的山很高！——没有比人更高的山！

前面的路很长！——没有比腿更长的路！

为了高考！

我们拼了！拼了！拼了！

春寒料峭之际，满怀希望之时，2018年2月27日下午邝维煜纪念中学隆重举行了18届高三"燃青春　磨利剑　战百天　夺桂冠"的百日誓师大会，校级领导、全体高三老师、近200名家长代表和全体高三学生肩并肩，心连心，共同展现了18届高考必胜的决心与勇气！

图2　林志聪校长为大会致辞

林志聪校长为大会致辞，发表了题为《不骛虚声水到渠成》的讲话，引导高三师生沉潜蓄势，扎实推进，一步一步走向辉煌！这让我们深深地感受到一种踏实沉稳，一种自信从容！校长是学校的灵魂，也是高三备考的灵魂，有林校在，有学校校长室的大力支持，高三师生定当披荆斩棘，势如破竹！

图3　办公室主任谢广权发言

办公室主任谢广权是多重身份，不仅是学校领导，是我们的老师，也是我们高三学子的家长，诙谐幽默、平易近人的他更是老师和同学心目中的男神，大会邀请了谢主任代表家长和老师给同学们寄语。谢主任用自己亲友的孩子在邝中考上重本的例子激励高三学子，发言有真爱，接地气，对学子们的关心和期望之情溢于言表，使同学们受到莫大的鼓舞，场内掌声雷动！

《生活不会亏待肯努力的人》，高三3班体育生曾伟锋同学用自己血泪争锋的体育备考经历告诉高三学子：只要你肯努力，全世界都会为你让路。曾伟锋同学今年的体育考试取得了243分的高分，同时文化课成绩在班里名列前茅，我们祝福他在6月里一鸣惊人，也祈愿所有高三学子能向曾伟锋同学学习，一起创造属于邝中的奇迹。

图4　高三家委会成员集体登台演绎散文《一百天》

　　高三家委会成员集体登台演绎散文《一百天》，把整个活动推向了高潮！大红的围巾是最美的祝福，深情的叮咛是最暖的关爱，铿锵的誓言是最大的支持！一声声感人泪下；一句句撼天动地！感谢家长们的精彩演绎，感谢爸爸妈妈们无私的爱与无尽的付出，请你们放心，我们绝不会放弃，我们一定会竭尽全力，不辜负你们的期望！

图5　老师宣誓

　　"吃透考纲，为备考精准导航；用心备课，让学生爱上课堂；智慧选题，用质量提高效率；订制辅导，将增分进行到底……"高三全体老师的宣誓朴实无华但情深义重，他们会竭尽全力扛起高三老师的责任，与同学们风雨同舟，为同学们保驾护航！和同学们一起挥洒汗水，奋战百天，创造辉煌！

图6 学生宣誓

班级集体宣誓环节高潮迭起，"100天，百炼成钢。100天，势不可挡。100天，我们注定辉煌"，"沧海横流，方显英雄本色；风云际会，还看吾辈英豪"，"爱你所爱，无问西东，芳华一生，力争第一"……铿锵有力的誓言，穿云裂石的呐喊，高三学子在举起右拳的那一刻绽放出自信的光彩，表现出无往不胜的勇气！同学们，拼搏吧，翱翔吧，竭尽全力去行动吧，让激扬的心声在春日里尽情回荡！让十二年的付出在六月里铸就辉煌！

图7 授旗

　　猎猎红旗在会场飘扬，班级的口号声格外嘹亮，接过林校授予的鲜红的旗帜，同学们就接受了庄严的使命，为青春而战，为学校争光！

图8　学生代表们高举红旗绕场奔跑

　　在《海阔天空》这首激昂的歌声中，学生代表们高举红旗绕场奔跑，我们向世人宣告：我们，出征了！相信我们每位同学的人生都因一百天的奋斗而与众不同！因一百天的拼搏而海阔天空！

图9　邝中，加油！

　　大会在邵主任的深情地总结发言中完满落幕！邝中，加油！邝中，必胜！

静赏夏花　笑迎成长

——邝中高三高考壮行仪式

　　2018年高考就要拉开帷幕，弓已经在弦，剑准备出鞘！少年本色敢争先，师友同心为凯旋。6月4日早上，林志聪校长、韩芳伟书记、谭显华副校长、高秀丽副校长、杨树锋副校长等邝中3000多名师生齐聚足球场，为高三学子举行壮行活动，吹响决战高考的嘹亮号角！

图1　准备出发

图2　整装待发

多少风雨，多少汗水；无限憧憬，无限期盼。在风雨兼行、艰苦跋涉的道路上，无数人给予我们支持和帮助，无数人给予我们鼓励和祝福。今天在壮行的第一个环节，高二7班的浦纤纤同学代表基础年级在五星红旗下发言，为高三学子送上了满满的祝福。感谢你们，可爱的师弟师妹们！

高考的路上有人冲锋于前方，也有人运筹于帷幄。林校一直在关心、关注着高三同学的成长。在壮行仪式上林校发表了题为《静赏夏花　笑迎成长》的讲话，表达了对高三师生浓浓的期盼与深深的信任，也对基础年级的同学提出了殷切的希望！相信有林校的关心，同学们定能坚定信心，拿出决心，鼓起勇气，在高考考场上尽最大的努力，留最小的遗憾，创造更加灿烂辉煌的明天。

师恩难忘，友情难舍。三年前，刚刚经过军训的高一新生，带着一颗感恩的心亮相邝中。三年后，已成为毕业生的他们初心不忘，再次用《感恩的心》手语操表达他们对老师、同学最诚挚的谢意！"老师啊，母校！让我怎样感谢您！请允许我们道一声'老师，谢谢您'！请允许我们喊一声'邝中，祝福您！愿您：根深叶茂，繁花似锦，从成功走向灿烂，从灿烂走向辉煌'"！深情的歌声、诚挚的旁白、行云流水的动作，高三的同学们用一颗感恩的心留下他们在邝中最动人的身影！

图3 重温《感恩的心》手语操

图4 高三级手语操表演

　　肩负家庭、亲人、师长的厚望，高三学子们就要踏上属于自己的高考专列，去把握属于自己的人生机遇，去描绘属于自己的美好篇章。在出征前他们用庄严的宣誓喊出了胸中的信心和豪情！"我们是2018届高三，我们是不一样的高三，面对高考，我们庄严宣誓……"洪亮铿锵的声音在足球场上空久久回荡，让人觉得特别振奋而又特别安心！

图5　高三级同学们庄严宣誓（1）

图6　高三级同学们庄严宣誓（2）

　　出发，向着最终的目标，出发！一年来，高三的同学们有过一次又一次的出发：忘不了入境教育时，你们悄悄在心里种下梦想的种子；忘不了一次次考试的沉浮中，你们擦干眼泪调整航向；忘不了百日誓师时，你们激情澎湃誓主沉浮；忘不了种植心愿树时，你们摇旗呐喊誓让梦想开花！俱往矣！今天，你们接过林校授予的校旗，就是接过了重托，扛起了责任，迈开步伐，勇敢地向前奔跑吧！

图7 林志聪校长授旗（1）

图8 林志聪校长授旗（2）

　　邝中高三的孩子们，一千多个日日夜夜，从播种梦想的种子，到辛勤地灌溉修剪，如今，你们已是枝头那灿烂的夏花，成为邝中校园一道靓丽的风景，赏心悦目！

　　高考是知识和能力的比拼，备考的过程更是对人格和人性的淬炼！三年的学习，尤其是高三一年的精心备考，你们已经身经百战，宠辱不惊，相信历经风雨的你们有能力拿出坦然的态度去面对高考，笑迎成长！

天行健，君子当自强不息；地势坤，君子以厚德载物。决胜高考，我们有十足的勇气直上九天揽明月；壮我邝中，我们更有百倍的信心张开双臂拥抱朝阳！

青春有情 岁月生花

——邝维煜纪念中学2018届高三毕业典礼

如梭的时光编织着深情的经纬，三年温暖的相聚留不住而今的离别在即，2018年6月10日下午3：30，邝中高三师生和家长代表们再次相聚邝中足球场，隆重举行了邝维煜纪念中学2018届高三毕业典礼。林志聪校长、韩芳伟书记、谭显华副校长、高秀丽副校长、杨树锋副校长、钟文海副校长等校级领导出席了本次典礼。

《You Raise Me up》，一首深情款款的歌曲拉开了毕业典礼的帷幕，表达了学子们对家长、老师、同学、朋友深深的感激之情。

图1　四位毕业典礼主持人

林志聪校长进行毕业致辞，给予了毕业生热烈的祝贺和诚挚的祝福，也对毕业生提出了"感恩社会，学会担当""丰富阅历，积累资源""不忘师恩，关注母校"等殷切的期望。

图2　林志聪校长颁发毕业证书

林校为毕业生代表颁发毕业证书，那一刻，身穿礼服，手捧证书的同学们毕业了！从今天起，同学们经受了高考的洗礼，翻开了人生崭新的一页，进入了生命更高的境界！恭喜你们，祝福你们，我最亲爱的同学们！

图3　老师们的礼物

毕业生代表给班主任们赠送礼物，和自己的班主任深情拥抱！全体同学向老师行鞠躬礼！三年的日夜相伴，三年的悉心教诲，师生的心早已经连在了一起！离别的钟声虽已敲响，还有多少话没有说完，还有多少情没有表达，难离、难离！

《青春有情岁月生花》，"时光美丽了少年，校园的每一条小路都留下了我成长的足迹；绿树红艳了花朵，校园的每一幢楼房都敞开着深情的门窗"，同学们用诗朗诵的形式表达对母校的眷恋和不舍；"青春有情，为母校争光，邝中好儿女理应豪情满怀、斗志昂扬！岁月生花，为邝中添彩，18届毕业生定当天高海阔，展翅翱翔！"相信邝中孩子们以后的人生路会越走越宽广！

邝中18届毕业生人才济济，艺术生的考试打响了我们高考的第一枪。今天，在毕业的舞台上，他们也拿出了自己的绝技，表演了乐器合奏、舞蹈等节目，让师生们大饱眼福，叫好声此起彼伏。

节目导演邵宁宁老师还邀请了往届毕业生傅衡回校和老师同台献艺，一曲《那年我们十七岁》带着同学们进入了三年高中生活的倒带中，美妙动听的歌声在操场上空久久回荡。邝中的血脉一届届相连，邝中的情谊天涯海角永不改变！

图4　英语科组龙小冰老师发表英语演讲

英语备课组龙小冰老师代表高三教师发言，一口流利的英文震撼了全场！龙老师工作向来兢兢业业，一颗责任心献岗位，一颗爱心献学生，令人心生敬佩！相信同学们会珍惜老师的临别叮咛，一步步走向更加美好的未来！

家委会会长刘文虎代表家长发言，"但赋壮词，不唱离歌！最好邝中，爱永相随"，铿锵有力的声音满含着对毕业生的祝福和对邝中的感谢！

随后，刘先生又和副会长李婵女士一起给学校赠送了锦旗，和家委会代表一起给全体高三老师赠送了献花。感谢你们，最给力的18届高三家委会，感谢你们一直以来对我们工作的大力支持！因为有你们，邝中18届高三显得格外温暖、有情！虽然孩子毕业了，但你们的用心会在邝中永流传！

师生大合唱《最美的未来》把整个毕业典礼的气氛推向了高潮。同学们围着老师轻轻地、深情地唱着；老师们陪伴着同学幸福地、温柔地和着。昨日的共同奋斗，今日的难舍难离，但我们都知道，成长就意味着离别，握着你的手的我的手，终要放开。我们希望所有的同学，我们祝福所有的同学，都能拥有最美的未来！

图5　岁月青葱爱在邝中

典礼的最后由邵主任为毕业生寄语。一样的祝福，今天格外含情；一样的期望，今天格外殷切！唯愿自己带了三年的孩子们日后开心快乐，海阔天空！

再见了，老师们，同学们，无论黄昏把树的影子拉得多长，它总是和根连在一起！

再见了，亲爱的邝中，无论我们走得多远，我们的心总是和母校连在一起！

青春总有情，岁月定生花！

教育感悟——在活动中磨炼品格 在体验中提升素养

——例谈高中德育管理中培养学生核心素养的几点体会

"立德树人"是现阶段我国教育的根本任务与目标，德育工作是学校工作的灵魂，体现着学校教育的基本目的，贯穿学校工作的各个方面，可以说时时有德育，事事现德育。本人在2015年至2018学年负责高中年级管理工作，一直坚持德育为先的工作原则，根据国家学生发展核心素养的要求制订三年的德育工作计划，三年来，级组通过各种大大小小的活动引领学生，让学生在活动中感悟人生道理，在体验中提升核心素养，在潜移默化中成长为具备健全人格的新时代青年。

一、国学，厚人文之底蕴

中华文化源远流长，国学不仅是中国悠久传统文化的明证，也是每一个中国人立身处世之本。诵读国学，可以让学生更多地传承中华传统文化，发挥国学启智养德，净化灵魂，规范行为的功能。我们针对高一新生的心理和行为特征，把德育重点放在优秀品格的培养和良好生活、学习习惯的养成上，制定了"优秀品格、良好习惯"这一总体目标。在这一总目标中，我们着重渗透国家学生发展核心素养中人文情怀、理性思维、健全人格、审美情趣、自我管理等几个要点，旨在让高一学生具备爱国、爱校、爱集体的集体荣誉感；养成健康文明的行为习惯和生活方式等。为此，年级鼓励同学们多温习《三字经》《弟子规》《百家姓》等，促进学生良好行为习惯的养成。同时每天利用早上7点

30分到7点45分的时间进行国学诵读，读本为我们自编的教材，第一学期编写了《论语》，第二学期编写了《菜根谈》，学生人手一本，每天早上，书声琅琅，"以文而化"把经典积淀在脑海里，逐渐潜移默化，影响着学生的心理品质和行为习惯。随着同学们知识和阅历的增长，这些经典就会成为同学们开智受益、健康成长的源泉。每日一课，晨读国学，"口诵心惟，口咏其言、心唯其义"国学诵读犹如一道亮丽的风景，为我校师生带来一片生机和活力，成为年级德育教育中的最具特色的活动之一。为增强学习国学的实效，年级组还定期组织"国学知多少"竞赛活动，以赛促读，以读促学，以学促悟。实践证明，经过一年的国学熏陶，增强了学生的人文底蕴，提升了学生的人文素养。

二、书法，养审美之情趣

书法是传统文化的产物，时至今日，人们都认为书法具有修身养性、清心净虑的作用，人们在欣赏书法作品时可以得到审美的享受、哲思的启迪、心灵的美化。字又好像人的第二张脸，写得一手好字，就好像有一张漂亮的脸蛋一样，给人以美的享受。对于高考考生来说，写一手好字，能提高卷面的整洁度，不难想象一张字迹工整漂亮、风格秀逸多姿的试卷和一张字迹东倒西歪、字体杂乱无章的试卷放在一起，得分率会是哪张更高。因此，级组大力倡导和鼓励学生每天进行书法练习，采用"化散为整"的方式，由学生自主练习和统一练习相结合，更多的是引导和鼓励学生把练字渗透到日常的书写中，时时提醒自己要写一手好字。同时年级安排每天晚修7点到7点15分全年级统一进行书法练习，时间虽短，但可以起"抛砖引玉"的作用。为落实这项工作，级组要求每周对书法练习的作品进行评奖，评优秀奖和进步奖若干名，获奖作品张榜张贴，公开表扬。实践证明，三年的书法练习，学生审美情趣和审美能力不断提升，最终这些优秀品质与良好习惯助力同学们厚积薄发，在高考中取得了优异的成绩，2018年高考无论重点还是本科的上线率都刷新了学校的历史记录，充分说明了我们重视书法练习，提升学生审美情趣的重要性。

三、视频，育民族之精神

视频是互联网时代视觉文化发展到一定阶段的产物，它以形象为中心，注重人的心理体验，是同学们比较喜欢的获取信息的方式之一，"坐在课室里，能知天下事"，视频可以让学生在短时间内学习最多的知识，拓展学生的视野，跟上时代的步伐。因此，在高一和高二利用每周五晚修第三节进行视频播报。高三后加大了视频播放的力度，每天6点40分至7点，在课室进行视频播放，主要由学科的备长负责安排播放内容，比如政治学科播放的《辉煌中国》《将改革进行到底》《大国外交》《法制中国》；历史学科的《大国崛起》《第二次世界大战》；地理学科的《国家地理杂志》《航拍》《内力作用》等栏目，英语、语文的视频内容更加丰富多彩，一些最新的、最具教育影响力的影视大片第一时间会在我们的课室里上演，比如《无问西东》《摔跤吧，爸爸》《战狼2》等，通过视频，同学们可以了解国家的大政方针，把脉高考的方向，增强社会参与的意识，增强对国家的政治认同感。还记得同学们看完《辉煌中国》《厉害了我的国》后，情不自禁地说，原来我国是这么强大的，我爱我的国家，我为我的祖国感到骄傲和自豪，爱国之情油然而生。系列视频播放，拓展了学生的知识面，培养了学生的人文情怀、社会责任、国际理解、科学精神、勇于探究等核心素养，增强了学生的民族凝聚力。

四、活动，强担当之能力

学校主题活动是德育工作的载体，通过大型的主题活动，可以增加学生的关注度，提升学生参与效应，让学生在体验中感悟人生道理，在体验中提升核心素养，树立正确的人生价值观，增强责任担当之能力。本届学生整体素质不高，学习内驱力不足，级组提出"做不一样的自己，做最好的自己"作为学生的奋斗目标，"做不一样的高一高二高三级，做最好的高一高二高三级"为年级的管理理念，激励学生不断超越自己，全力以赴，创造佳绩。为此，级组每年举行各种大型的德育主题活动，提升学生的综合素养。除了晨读国学、晚练书法外，每天第九节激情跑操、课间文学作品广播等，在高二阶段先后三次组织优秀小组成员、优秀班干部走进广州大学进行励志教育。在高三阶段，级组又组织了六次的大型的主题活动，包括成人礼、百日誓师、花都湖徒步、种植梦想树、高考壮行、毕业典礼等，每一次的大型活动都是对学生心灵的洗涤，正所谓"洗尽沿华始见金，褪去浮华归本真"。尤其在高三新学期伊始，我们举行了学校有史以来最具规模的成人礼，聘请公司为我们设计整个活动过程，有学生给家长一封信、给感恩的人系蓝丝带、家长和学生一同走成人门、一齐写心愿墙等环节，每个环节都给同学们以隆重的仪式感，让同学们在庄严的仪式中意识到自己真的长大成人，要承担更多的社会责任与公民义务，更要自立自强和奋发有为，"长成意识"瞬间增强，一次次大型的德育主题活动，让学生逐渐褪去青涩，走向成熟，学会面对压力、面对自己、面对他人、面对社会，有了对自己、对家庭和社会的担当，社会的参与意识和能力也越来越强，核心素养不断提升！

五、结束语

总之，高三年级组在合作、参与、担当的思想指导下，以创新和传承为主线，以培养学生的核心素养为目标，锲而不舍地以体验式的活动模式开展德育工作，有成功的喜悦，也有失败的教训，我们相信，育人永远是一个常做常新的课题，学生核心素养的培养永远在路上。

致　谢

　　《基于核心素养背景下高中体验式班级主题文化构建》一书以新时代中国特色社会主义思想为指南，按照党的教育方针和广东省委、省政府有关教育改革精神，坚持立德树人，"五育并举"。本书记载了高中三个不同阶段的德育教育成功经验，对引领教师提升专业素养和教育能力，增强中学生核心素养等方面发挥了积极的促进作用。在本书的策划、编撰、提炼过程中，由部分课题组老师组成的编委会给予了大力的配合与支持，在此特表谢意！

本书编委会

主　任：邵秀珠

副主任：赵新亚

组　员：（按课题组成员位置排列）

　　　　毕琦衡　陈满华　梁沛贻

　　　　冯务枝　覃水娇　罗　伟